Zen in der Kunst, das Schwert zu führen

REINHARD KAMMER

Zen in der Kunst, das Schwert zu führen

Eine Einführung in die altjapanische Fechtkunst

OTTO WILHELM BARTH VERLAG

Der Text *Tengu-geijutsu-ron* war in der früheren, umfangreicheren Ausgabe mit dem Titel *Die Kunst der Bergdämonen* erschienen. In der vorliegenden Ausgabe ist dieses Kernstück ungekürzt enthalten.

Limitierte Geschenkausgabe Frühjahr 2000

Einbandgestaltung: Gerhard Noltkämper

VORWORT des Herausgebers

Es wird wohl nicht mehr lange dauern, bis neben dem in Europa längst heimisch gewordenen *Judō* auch die japanische Form der Fechtkunst, *Kendō*, der Weg des Schwertes, dem Abendland stärker ins Bewußtsein rücken wird – es bestehen bereits *Kendō*-Bünde in England und Amerika, und bei dem steigenden Interesse an der Kultur Ostasiens dürfte auch auf diesem Gebiet kaum mit einer Stagnation zu rechnen sein. Doch *Kendō* hat nicht nur eine sportliche, sondern auch eine weitaus ältere und tiefere künstlerische und philosophische Tradition. Das *Tengu-geijutsu-ron*, eine Schrift zur Schwertkunst aus dem frühen 18. Jahrhundert, gibt einen Einblick in die geistigen Hintergründe dieser Kunst, ohne zu sehr auf technische Einzelheiten einzugehen. Es scheint deshalb besonders geeignet, einige typische Züge des *Kendō*, die ihn tief von der europäischen Fechtkunst trennen, deutlich zu machen, wenn auch z. B. die Schilderung des Zweikampfes mit dem Bären in Kleists »Marionettentheater« Vorstellungen von vollendeter Fechtkunst erkennen läßt, die der japanischen Konzeption ähnlich sind.

Neben dem *Tengu-geijutsu-ron* des Shissai Chozan gibt es auch andere, und vielleicht glänzendere, Schriften zur Theorie der Schwertkunst, so zum Beispiel das *Fudōchi* Shinmyō-roku von Takuan Sōhō.

Was das *Tengu-geijutsu-ron* aber wert macht, in

vollständiger Übersetzung vorgelegt zu werden, ist die außerordentliche Vielzahl von Gedanken und Thesen der verschiedenartigsten Herkunft, der Reichtum an Bildern und Gleichnissen, die oft besser als viele Worte den Inhalt einer Vorstellung umreißen, und die Eindringlichkeit und menschliche Aufrichtigkeit, mit der der Verfasser für seine Überzeugung streitet, weil er den Weg, den er propagiert, wirklich für den einzigen und wahren hält, auf dem der Mensch, nicht nur der Schwertkünstler, seiner Bestimmung gerecht werden kann. Daß er dabei gelegentlich intolerant wird, muß man seinen guten und nicht seinen bösen Absichten zuschreiben.

Der Wert des *Tengu-geijutsu-ron* liegt aber auch darin, daß hier der Versuch gemacht wird, der Schwertkunst den Geruch einer nur auf den Tod hin ausgerichteten Betätigung, den sie für viele Zeitgenossen Shissais besaß, zu nehmen und sie einzugliedern in das der Welt, dem Leben und den Menschen positiv gegenüberstehende System des Konfuzianismus. Wenn Shissai dabei auf buddhistische Gedanken und Vorstellungen zurückgreift, macht er sich nur in zweiter Linie persönlich der Verwirrung eines Sachverhalts schuldig, verantwortlich dafür ist hauptsächlich das System des Neo-Konfuzianismus, das eben in sich viele buddhistische Einflüsse aufweist und zu dem sich Shissai bekennt. Ein weiterer Wert des *Tengu-geijutsu-ron* liegt in seiner unaufhörlichen Betonung der Allgemeingültigkeit der Gesetze der Schwertkunst für alle Bereiche des menschlichen Lebens und in der vernünftigen und aufrichtigen Haltung gegenüber allen Mystifizierungsversuchen. Die Form der Rahmenerzählung, die Shissais Ansichten in den Mund der Tengu verlegt, ist ein rein literarischer Kunstgriff und leistet solchen Mystifizierungsversuchen nicht etwa Vorschub, wenn auch durch diese Form und die Wahl des Titels vielleicht gerade eine Leserschaft angesprochen werden sollte, die Shissai bekehren wollte – denn den Charakter eines belehrenden und bekehrenden Werkes wird man dem *Tengu-geijutsu-ron* kaum absprechen können.

Es seien hier als Orientierungshilfe für die nachfolgende Übersetzung des *Tengu-geijutsu-ron* die wichtigsten Thesen Shissais in knapper Form wiedergegeben:

1. Vollendete Schwertkunst besteht aus zwei Komponenten: technischer Sicherheit und geistiger Erkenntnis. Beide müssen eine Einheit bilden, sie sind unabdingbar voneinander abhängig.

2. Die geistige Erkenntnis äußert sich in der »Natürlichkeit des Herzens«. Der Schwertkünstler hat ohne jede Irritierung durch Gefühle oder Absichten spontan der jeweiligen Situation zu entsprechen. Die Reaktion muß so unmittelbar erfolgen, wie ein Spiegel ein Bild reflektiert. Sie darf nicht an der Situation haften.

3. Diese absolute Offenheit gegenüber der Situation ist nur dann erreichbar, wenn die einzelnen

Komponenten der psychisch-physischen Konstitution (Prinzip, Fluidum, Herz) sich ohne Einschränkung entfalten können. Darauf kann man durch Übung Einfluß nehmen.

4. Vollendete Schwertkunst durch technische Sicherheit und geistige Vollendung im beschriebenen Sinn ist jedoch kein Wert in sich. Sie muß in Einklang mit den im Universum verankerten ethischen Grundprinzipien der Menschlichkeit, Sittlichkeit und Loyalität ausgeübt werden. Nur im Hinblick auf den Nutzen für Gesellschaft und Staat ist sie ein Wert. Der Buddhist kann wegen seiner Leugnung dieser Werte kein wahrer Meister der Schwertkunst sein. Meisterschaft ist dem vorbehalten, der dem Wege des Konfuzius und somit dem Wege des Universums folgt.

Shissai Chozan ist streng in seinen Forderungen. Er nimmt den Menschen und die Ansprüche der Umwelt an ihn sehr ernst. Und mit einer Kunst, in der Leben und Tod eines Menschen beschlossen sein können, leichtfertig umzugehen, ist nicht seine Sache. So ist sein Werk gleichzeitig ein Dokument der Humanität, trotz seines kriegerischen Themas, trotz seiner Ausfälle gegen den Buddhismus. In seinem Rahmen hat er die Forderung des Konfuzius erfüllt, wenn dieser zu Tzu-hsia spricht:

»Sei du als Edler ein Gelehrter und nicht als Gemeiner ein Gelehrter!«

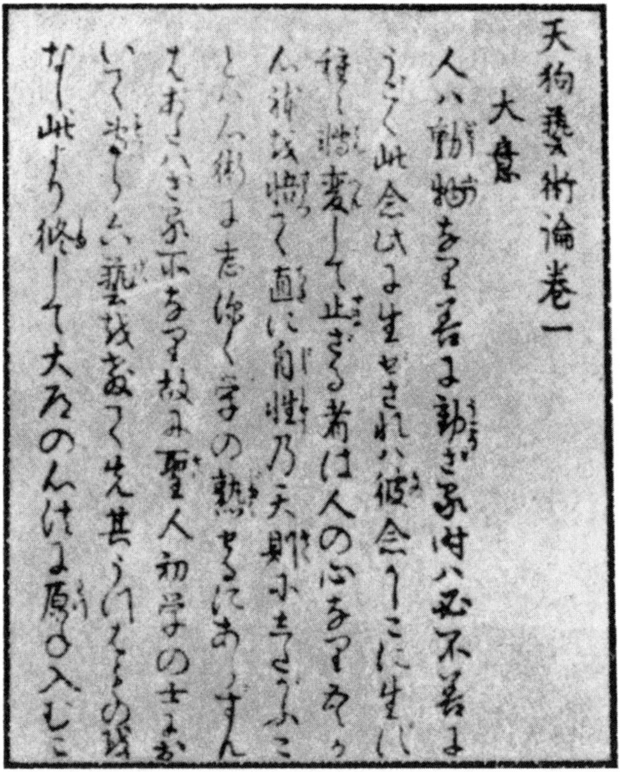
天狗藝術論巻一

大意

Anfang des Tengu-geijutsu-ron
Holzplattendruck aus dem Jahre 1729

DISKURS ÜBER DIE KUNST DER BERGDÄMONEN

(Tengu-geijutsu-ron)

VORWORT

Es ist im allgemeinen die Aufgabe der Schwertkunst, in erster Linie zu körperlicher Gewandtheit im Umgang mit dem Schwert zu erziehen. Deshalb haben die verschiedenen Schulen in buntem Durcheinander nach außen und nach innen die verschiedensten Formen entwickelt. Besitzt man schließlich die körperlichen Voraussetzungen, weiß man sich wechselnden Situationen anzupassen, verläßt man sich auf die Bewegungen des Körpers, paßt man sich der Ruhe oder Bewegung der jeweiligen Situation an, erkennt man bei sich und beim Gegner Stärke und Schwäche, lenkt man sein Fühlen und Denken in die richtigen Bahnen, dann erkennt man spontan, wie man sich auch in künftigen Kämpfen zu verhalten hat. Doch Phänomene wie das »Tötende Schwert« und das »Lebenschenkende Schwert« lassen sich keineswegs von der Form her erörtern. Erst wenn Fühlen und Denken, Hände und Füße den Erfordernissen der wechselnden Situation gerecht werden, dann liegt die Entscheidung über Leben und Tod bei einem selbst und nicht beim Gegner. Nun gibt es heute viele Kriegsleute, die ihrer Schwertkunst wegen in der Welt berühmt sind. Jede Schule spaltet sich wieder in zehntausend Nebenrichtungen auf, die kritiklos deren Regeln übernehmen und an ihre Schüler weitergeben. Die einen leiten in ihren Unterweisungen ihre Schüler anhand erhabener Prinzipien und behaupten, wenn man sich diese zutiefst aneigne, könne man Welt und Reich regieren; die anderen behaupten in ihrer Lehre, daß man mit Hilfe ihrer ausgefeilten Schwerttechnik es als einzelner mit zehn Widersachern aufnehmen könne, und die dritten behaupten, wenn man nur sein Herz und sein Fluidum übe und in die rechten Bahnen lenke, könne man mühelos den Sieg über alles erringen, was sich einem entgegenstellt. Ach, dies alles sind hochgestochene und exzentrische Lehren, mit der wahren Kunst des Schwertes haben sie nichts zu tun. Die Lernenden übernehmen die Irrtümer ihrer Lehrer und unterweisen auf dieser Grundlage wieder ihre Schüler. Es ist wie die Rede: ›Was ein Hund falsch bellt, geben zehntausend Hunde als richtig weiter!‹ – Und darüber soll man nicht seufzen!? Aus diesen Gründen haben viele den rechten Faden verloren, und derer, die sich sowohl um die Technik der körperlichen Fertigkeiten bemühen als auch sich um die Kunst der Herzensschulung Sorge machen, dürften nicht viele sein. Zu ihnen nun gehört Shissai Chozanshi. Er hat so manches Jahr sein Herz auf die Lehren der Heiligen und Weisen gerichtet und sich sorgende Gedanken um die Anhänger der militärischen Künste gemacht. Und so klagt er, daß die Leute, welche die Schwertkunst studieren, wie sie in der Welt umläuft, deren Kern aus dem Auge verloren hätten, sich über Nebensächlichkeiten ereiferten, ihr Prinzip mißverstünden, ihre Technik verwürfen und samt und sonders vom rechten Prinzip des Schwertes abwichen. Um die Jungen und Unwissenden zu belehren, hat er sein Werk *Tengu-geijutsu-ron* verfaßt. Sich auf die wundersamen Reden der Tengu berufend, spricht er zuerst über das wahre Prinzip der Schwertkunst, zum Schluß hin erörtert er die tiefsten Prinzipien der verschiedenen Künste wie Reitkunst und Strategie, und schließlich endet er, die Diskussion über die Pflege von Herz und Fluidum nochmals aufgreifend. Er läßt den Krieger in der Tat seinen Ur-Weg erkennen. Darüber hinaus macht er in diesem Buch erschöpfend klar, daß in dem Weg vom Seichten ins Tiefe, vom Niederen zum Hohen auch Gesetz und Ordnung der Welt liegen. Der wahre Krieger, wenn er sich auf diese Lehren stützt, die Kriegskunst erlernt und die Schwertkunst praktiziert, wird dann den ernsten Wunsch haben, nicht wieder davon abzuweichen!

Im 13. Jahre Kyōhō (1728), tsuchinoe-saru, an einem glückverheißenden Tage des letzten Monats niedergeschrieben vom Einsiedler aus dem Kreis Toshima von Kōjō (Edo) in Tōbu[1], Kanda Hakuryūshi[2].

SHISSAI CHOZAN

TENGU-GEIJUTSU-RON

I

Der Mensch ist ein Wesen der Bewegung. Wenn er sich nicht im Guten bewegt, bewegt er sich notwendigerweise im Nicht-Guten[3]. Kommt ihm dieser Gedanke nicht hier, kommt ihm jener Gedanke eben dort. Was den mannigfachsten Veränderungen unterliegt und niemals stillsteht, das ist des Menschen Herz. Es wird ihm nicht gelingen, sein Herz zu begreifen und dadurch direkt den himmlischen Gesetzen seiner Natur zu folgen, wenn er nicht, in seinem Herzen von tiefer Willenskraft, im Studium zur Reife gelangt. Deshalb hat der Heilige die Schüler, die neu zu ihm kamen, in erster Linie die Sechs Künste[4] gelehrt und so zunächst einmal das Gefäß geschaffen. Erst dann strebte er danach, sie durch Übung einzuführen in die Gesetze der Herzensschulung, wie sie sich aus dem Großen Wege ergeben.

Wenn sich einer von jungen Jahren an im Bereich der Sechs Künste bewegt, betrachtet er sein Herz als das Wesentliche, und so hält er sich ganz von selbst frei von gemeinen Reden, sein Herz bleibt unbefleckt von Spielereien und billigen Vergnügungen; Mutwille, Vorurteil, Böswilligkeit und Selbstsucht bringen seinen Leib nicht in Gefahr. Nach außen hin festigt er seinen Körperbau und hält sich dadurch frei von Krankheiten, und in seiner Gesinnung wird er zu einem Schutz für das Reich und nimmt dessen Segnungen nicht achtlos hin. Und wenn er dann dahin gelangt und begreift, was sein Herz ist, dann wird er zu seinem Helfer des Großen Weges. Achte eine einzelne Kunst ob ihrer Beschränkungen nicht gering, aber verfalle auch nicht in den Fehler, sie zum Wege zu erheben!

Es gibt Männer der Schwertkunst. Einmal habe ich darüber nachgedacht: In alter Zeit, als Minamoto no Yoshitsune noch Ushiwakamaro[5] hieß, begab er sich tief in das Bergland von Kurama, wo er mit großen und kleinen Tengu zusammentraf. Nachdem er bei ihnen in das letzte Geheimnis der Schwertkunst eingedrungen war, stieß er in der Herberge von Akasaka in der Provinz Mino mit dem mächtigen Räuber Kumasaka zusammen. Ushiwaka schlug als einzelner die Übermacht der Banditen in die Flucht und erschlug Kumasaka. So geht die Überlieferung. Auch ich übte mich auf diesem Wege mit aller Willenskraft, doch obwohl Jahre darüber vergingen, war ich noch immer nicht in sein letztes Geheimnis eingedrungen, und ich war darüber ganz verzweifelt. Wenn auch ich in die Berge ginge und mich den Tengu anschlösse, würden sie vielleicht auch mich in das Geheimnis dieses Weges einweihen, dachte ich. Mitten in der Nacht zog ich ohne Begleitung tief in die Berge. Ich setzte mich auf einen Stein, meditierte und rief viele Male nach den Tengu, doch niemand antwortete mir, obwohl ich es Nacht für Nacht wiederholte. Doch eines

Nachts erhob sich ein Wind in den Bergen, daß mir ganz unheimlich zumute wurde. Rotgesichtige, langnasige, geflügelte merkwürdige Wesen, ich kann nicht sagen wieviele, schlugen in den Wolken aufeinander ein, und ihr Geschrei klang gewaltig. Doch nach einer Weile ließen sie sich auf den Wipfeln der Zedernbäume nieder, und einer sprach: »Das Prinzip ist ohne Form. Seine Funktion erweist sich jeweils am Gerät. Ohne Gerät kann man das Prinzip nicht erkennen. Die wundersame Entfaltung des Ur-Einen tritt zutage im Wechsel von Yin und Yang, und das himmliche Prinzip des menschlichen Herzens erweist sich in seinem Empfindungsvermögen für die Vier Grundtugenden[6]. Die Schwertkunst ist zwar auf Sieg und Niederlage (das Kämpfen) ausgerichtet, doch wenn man an ihren Kern gelangt, muß man bekennen, daß er die wunderbar sich entfaltende Natürlichkeit des Herzens ist. Der Anfänger freilich wird schwerlich von heute auf morgen in diese Bereiche eindringen. Deshalb folgte die Lehre der Alten der Natürlichkeit der Form, und so meisterten sie die Technik von Hieb und Stich, von Ausfall und Parade; alles geschah mit Leichtigkeit und ohne Anstrengung. So verbesserten sie den Zusammenhalt von Knochen und Muskeln, übten die Arbeit von Händen und Füßen, sie beherrschten die Anwendung und wurden den Erfordernissen der jeweiligen Situation gerecht. Wenn man in der Technik nicht reif ist, mag das Herz zwar stark sein, aber es gelingt einem nicht, seiner Funktion gerecht zu werden. Man übt die Technik durch das Fluidum. Das Fluidum ist etwas, das über das Herz die Form bestimmt. Deshalb kommt es darauf an, daß das Fluidum lebhaft und ungehemmt, kraftvoll und unverbogen ist. Indem man das der Technik innewohnende Prinzip erfaßt, entspricht man der Natur des Gerätes. Als Folge der Reife in der Technik wird das Fluidum harmonisch und ausgeglichen, ihr innewohnendes Prinzip enthüllt sich ganz von selbst, und wenn man es im Herzen erfaßt hat und keine Zweifel mehr darüber hegt, dann fallen Technik und Prinzip zusammen, das Fluidum ist gesammelt, der Geist beruhigt, und die Reaktionen erfolgen unbehindert. Das war von alters her die richtige Methode, eine Kunst auszuüben. Deshalb kommt es bei einer Kunst auf die praktische Schulung an. Wenn man in der Technik nicht reif ist, ist das Fluidum nicht harmonisch und ausgeglichen, und wenn das Fluidum nicht harmonisch und ausgeglichen ist, ergibt sich nicht die angemessene Form, Herz und Form werden zu zwei verschiedenen Dingen, und deshalb erlangt man keine Freiheit.«

Wieder ein anderer sagte: »Das Schwert ist ein Ding, mit dem man haut, und der Speer ist ein Ding, mit dem man sticht. Was anderes sollte man damit tun? Nun folgt die Form dem Fluidum und das Fluidum folgt dem Herzen. Wenn das Herz unbewegt ist, bewegt sich auch das Fluidum nicht, und wenn das Herz friedlich ist und durch nichts irritiert wird, dann ist auch das Fluidum in Harmonie und folgt ihm darin und wird der Technik ganz natürlich gerecht. Doch wenn es im Herzen Irrita-

Der Erzähler lauscht dem Gespräch der Tengu in den Zedernwipfeln
Illustration zu einer frühen Ausgabe des *Tengu-geijutsu-ron*

tionen gibt, dann ist das Fluidum gehemmt, und Hände und Füße werden ihrer Funktion nicht gerecht. Wenn man sein Herz an die Technik hängt, wird das Fluidum dadurch gehemmt und ist nicht harmonisch und ausgeglichen. Wenn man sein Herz daran gibt und das zu stark, dann sind seine Auswirkungen nutzlos und schwach. Wenn man das Bewußtsein aktiviert, dann ergeht es einem, wie wenn man ein Feuer entfacht und Holz verbrennt: wenn man frei atmet, bekommt man einen trockenen Hals, und wenn man den Atem anhält, schwillt man an zum Zerplatzen. Wer in der Schwertkunst dem Gegner dadurch gerecht zu werden sucht, daß er nur auf seine Sicherheit bedacht ist und abwartet, der entwickelt sich zu dem, was man einen Zauderer nennt; er ist sich selbst hinderlich und kommt keinen Schritt vorwärts. Im Gegenteil, er macht sich zum Narren. Er versteht es nicht richtig, wie man es nennt, ›im Angriff abzuwarten und im Abwarten anzugreifen‹, und deshalb nimmt er seine Zuflucht zum Bewußtsein und fügt sich großen Schaden zu. Es gibt viele, die, während sie hier abzuwehren und dort zu parieren suchen, von einem ungeschliffenen, aber starken Gegner in Schach gehalten werden, in die Position des Verteidigers gedrängt werden und keinen Ausfall zustande bringen. Und dies alles nur deshalb, weil sie ihre Zuflucht zum Bewußtsein genommen haben. Jener ungeschliffene Gegner weiß weder, wie man zu reagieren hat, noch hat er ein Herz, das hier angreifen und dort abwehren will, sondern weil er von Natur aus ein robuster Bursche ist, fürchtet er sich vor nichts, und weil er dem Gegner nicht mehr Bedeutung beimißt als einem Insekt, gibt er sein Herz nicht daran und will nichts erzwingen, aber er ist auch nicht starr und verschließt sich nicht, er wartet nicht ab und hält sich nicht zurück, ihm kommen weder Zweifel, noch ist er bewegt, und wie er so seinem Gegner gegenübersteht, stellt er keine Überlegungen an. Fluidum und Herz sind gleichermaßen ungehemmt. In der Qualität seines Fluidums ist er den meisten Schwertmeistern, die in der Welt Ansehen genießen, überlegen. Man kann ihn aber deshalb trotzdem nicht als gut bezeichnen. Obwohl er ungehemmt ist wie die Gewalt der herannahenden Flut, handelt er spontan dadurch, daß er unerleuchtet ist und sich dem Fluidum seines Blutes anheimgibt. Schwertkunst ist natürliches Reagieren des Herzens, im Gehen ohne Form und im Kommen ohne Spur. Was Form und Gestalt besitzt, ist nicht die wunderbare Entfaltung der Natürlichkeit (des Herzens). Sobald man auch nur im geringsten zum Denken Zuflucht nimmt, nimmt das Fluidum Form an. Der Gegner schlägt, was so Form gewonnen hat. Wenn das Herz frei von Irritationen ist, dann ist das Fluidum in Harmonie und friedlich, und wenn das Fluidum in Harmonie und friedlich ist, dann ist es lebhaft und frei beweglich und ohne feste Form; ohne Stärke anzuwenden, ist es auf natürliche Weise stark. Das Herz ist wie ein klarer Spiegel oder ein ruhiges Wasser. Sobald Bewußtsein und Denken das Herz auch nur im geringsten stören, wird seine Klarheit dadurch beeinträchtigt, und es kann sich nicht frei entfalten. Die heutigen Künstler wissen nicht, was es heißt, aus der

Unbewegtheit des Herzens heraus in seinen Reaktionen frei und unbehindert zu sein. Sie wenden Kunstgriffe des Bewußtseins an und verausgaben ihren Geist an unwesentliche Dinge und glauben, damit ganz von selbst zur Meisterschaft gelangt zu sein. Aus diesem Grunde gelingt es ihnen auch nicht, es in den anderen Künsten zu etwas zu bringen. Künste gibt es viele, und wenn man jede einzelne üben wollte, dürfte ein Leben nicht ausreichen, sie zu meistern. Wenn man sein Herz aber ganz in einer einzigen Kunst aufgehen läßt, dann wird man auch um die anderen Künste wissen, ohne praktische Übung darin zu haben.«

Wieder ein anderer sprach: »Daß das Schwert ein Ding ist, mit dem man haut, und der Speer ein Ding, mit dem man sticht, versteht sich von selbst. Wer jedoch über dieses ihr Prinzip hinausgeht, weiß nicht um die Funktion der Sache. Der Hieb hat seine Gesetze, und der Stich hat seine Gesetze, und wenn man ihre Funktion nicht kennt, wird man den Dingen nicht voll gerecht. Mag das Herz auch stark sein, wenn die Form nicht angemessen ist, trifft der Schlag dahin, wohin er nicht treffen sollte. Wenn man vom Prinzip der Technik abweicht, erreicht man nicht, was man erreichen möchte. Dann ist es so, wie mein Meister zu sagen pflegte: ›in der Auswahl ungenau, in der Rede nicht klar‹. Wenn man einem Zen-Mönch, von dem man sagt, daß sein Herz erleuchtet sei, die Regierung anvertraute und ihn zum obersten Kriegsherrn des ganzen Landes machte – wie könnte er sich beim Vorgehen gegen

Feinde wohl Verdienste erwerben? Mag sein Herz auch frei sein von Unreinheit und Eitelkeiten – weil er in der Technik der Kriegführung nicht reif ist, ist er dabei nutzlos. Jeder weiß, wie man einen Bogen spannt und einen Pfeil abschießt. Doch wer sich dabei nicht auf diesen Weg (des Bogenschießens) stützt und in seiner Technik nicht reif ist, der wird, wenn er den Bogen nach Gutdünken spannt und den Pfeil abschießt, leicht das Ziel verfehlen und die Rüstung des Gegners nicht durchschlagen. So muß es sein: der Wille ist aufrecht, die Form korrekt, das Fluidum erfüllt den ganzen Leib und ist lebhaft, der Natur des Bogens wird keine Gewalt angetan, Bogen und Schütze bilden eine Einheit, und wenn man den Bogen spannt und ganz davon erfüllt ist, so wie der Geist Himmel und Erde erfüllt, dann ist der Geist ruhig, nichts bewegt die Gedanken, spontan entläßt man den Pfeil. Nachdem man ihn abgeschossen hat, ist man derselbe wie zuvor. Nachdem man sein Ziel getroffen hat, bringt man den Bogen gelassen in Ordnung. Das ist die Praxis beim Weg des Bogenschießens. Wenn man sich daran hält, dann fliegt der Pfeil weithin und durchdringt die Rüstung mühelos. Bogen und Pfeil sind zwar aus Holz und Bambus gefertigt, doch wenn der Geist des Schützen mit ihnen zu einer Einheit verschmilzt, dann ist auch der Bogen vom Geist erfüllt und ein genauso wunderbares Wesen. Das erreicht man nicht durch die Klugheit des Bewußtseins. Man kann sein Prinzip zwar vorher erkennen, doch wenn man es nicht aus dem Herzen heraus erfaßt, in der Technik nicht reif ist und sich nicht durch Übung handwerkliche Fertigkeiten erworben hat, wird man nicht in seine Wunder eindringen. Wenn innen der Wille nicht aufrichtig ist und außen die Körperhaltung nicht korrekt, dann ist der Zusammenhalt von Knochen und Muskeln nicht fest. Wenn das Fluidum nicht den ganzen Leib erfüllt, ist alle Kraftanwendung nicht von Dauer. Wenn der Geist nicht ruhig und das Fluidum nicht lebhaft ist, dann greift man zur Klugheit des selbstsüchtigen Bewußtseins und stützt sich nicht auf seinen (des Bogenschießens) Weg. Wenn man mit Gewalt den Bogen biegt und die Sehne spannt, dann tut man der Natur des Bogens Gewalt an, Bogen und Schützen stehen in Widerstreit und bilden Gegensätze, es fehlt die gegenseitige geistige Durchdringung. Statt dessen hemmt man die Kraft des Bogens und beraubt ihn seiner Macht, und deshalb fliegt der Pfeil nicht weit und dringt nicht durch die Rüstung des Feindes.

Im alltäglichen Umgang mit Menschen ist es genauso. Wenn der Wille nicht aufrichtig ist und das Handeln nicht korrekt, dann gibt es keine Loyalität gegenüber dem Herrn und keine kindliche Ehrfurcht den Eltern gegenüber, kein Vertrauen zwischen Verwandten und Freunden, der einzelne wird überheblich und die Menge verderbt, es gelingt nicht mehr, sich in die Ordnung der Dinge einzufügen. Wenn das Fluidum den Körper nicht erfüllt, erwachsen ihm von innen her Krankheiten, das Herz verkümmert, man ist in seiner Sache furchtsam und nicht frei heraus, man verliert die Fähigkeit, größere

Samurai beim Training mit dem Speer
Aus einer frühen Ausgabe des *Tengu-geijutsu-ron*

Zusammenhänge zu sehen. Wenn man der Natur der Dinge Gewalt antut, handelt man dem menschlichen Gefühl zuwider. Wenn man sich von den Dingen trennt und nicht in Eintracht mit ihnen ist, dann entsteht ein Kampf, wenn der Geist nicht ruhig ist, entstehen viele Zweifel, man bleibt in seiner Sache unentschlossen. Wenn die Gedanken bewegt sind, ist das Innere nicht ausgeglichen, und man macht in seiner Sache viele Fehler.

Wenn das Herz unbewegt ist, ist auch das Fluidum unbewegt. Daß die Technik natürlich ist, heißt lediglich, daß sich ihr Prinzip aus den natürlichen Gegebenheiten des Körpers ableitet und auf ihr Ziel hinweist. Man darf nicht sagen, daß es nutzlos sei, die Technik zu üben. Das Prinzip leitet sich von oben her ab, während man in der Übung von unten nach oben strebt. Das ist die Regel. Das Herz des Menschen ist nicht ursprünglich böse. Läßt er sich von seiner Natur leiten und nicht durch Leidenschaften und Lüste verführen, dann ist sein Geist frei von Nöten, er ist unbehindert in seinen Reaktionen gegenüber den Dingen. Deshalb sind die Worte des Ta Hsüeh: ›der Weg der Großen Lehre besteht darin, die leuchtende Tugend zu offenbaren‹ und des Chung Yung: ›seiner Natur zu folgen, das nennt man den Weg‹ Wegweiser für den Studierenden, weil sie sich aus der Höhe seines Großen Ursprungs herleiten. Indessen sind die Irrtümer eines in Leidenschaften verstrickten Herzens meist sehr tief, man kann seine Gemütsart nicht einfach auswechseln und stracks zur Klarheit seiner Natur zurückkehren. Deshalb gilt: den Menschen zu lehren, wie man zu Beurteilungsvermögen, größter Einsicht, aufrichtiger Gesinnung und aufrechtem Herzen kommt, ihn zu lehren, Selbstbesinnung und Selbstzucht anzunehmen und ihn dadurch auf den soliden Boden der Übung zu stellen – das heißt, ihn zur Reife in der Technik zu bringen. In der Schwertkunst ist es ebenso. Wenn man im Angesicht des Gegners das Leben vergißt, den Tod vergißt, den Feind vergißt, sich selbst vergißt, wenn die Gedanken unbewegt sind und man frei ist von Regungen des Bewußtseins, wenn man spontan sich dem natürlichen Fluß seiner Empfindungen überläßt, dann ist man frei in jeder wechselnden Situation und in seinen Reaktionen unbehindert. Mag auch, wenn man sich inmitten zahlreicher Gegner befindet und nach vorn und hinten und rechts und links seine Hiebe und Stiche austeilt, die Form sich in Staub auflösen – weil das Fluidum gesammelt und der Geist ruhig ist, tritt nicht die geringste Schwankung ein. Selbst wenn es so wäre wie bei Tzu Lu, als er seine Mütze zurechtrückte, wie könnte man mit leerer Hand fallen? Das ist das ganze Geheimnis der Schwertkunst. Es ist das indessen kein Weg, den man stracks und ohne ein Wegegeld zu entrichten beschreiten könnte. Man muß sich in der Technik erproben, sein Fluidum trainieren und sein Herz üben. Wenn man nicht unter schweren Bemühungen zu diesen Fertigkeiten reift, wird man nicht dahin gelangen. Wollte man ein Wort meines Meisters den Anfängern mit auf den Weg geben, so dieses: ›Darin liegt der Fehler: Hohlheit für Leere des Herzens zu halten und Trägheit als Harmonie zu empfinden.‹

Was mein Meister ›stark, aber ungeschliffen‹ zu nennen pflegte, gleicht bis auf eine Kleinigkeit der Art des kriegerischen Vorgehens, die in den verschiedenen Schulen als *yaburu* (zerschlagen) bezeichnet wird. Jenes ist einfach ohne Methode. *Yaburu* aber heißt, daß man aus Stärke und Lebendigkeit des Fluidums heraus den Gegner unter seine Füße tritt, daß man, ohne Heftigkeit zu meiden und ohne nach einer Blöße zu suchen, unbeirrt auf die Hauptmacht des Gegners losstürmt und einschlägt wie ein stürzender Felsblock. Doch wenn das Fluidum noch so übersprudelt, man aber ohne Methode ist, dann geht man, trifft man auf einen in der Technik bewanderten Gegner, diesem vorn und hinten in die Falle. Wenn man nicht um Vorteil und Nachteil der Form weiß, begeht man Fehler. Deshalb muß man sich auch in der Form üben. Wenn man sie beachtet, verliert man sich nicht, das Fluidum ist weder absorbiert noch zurückgehalten, man vergißt Leben und Tod und geht seine Bahn, ohne von Zweifeln geängstigt zu sein. Es gibt ein *yaburu* aus dem Fluidum heraus, und es gibt ein *yaburu* aus dem Herzen heraus, doch sind beide ein einziges. Wenn Herz und Fluidum nicht eine Einheit sind, ist man des *yaburu* nicht fähig. Das ist der rechte Leitpfad, den Neulinge und Anfänger in der Schwertkunst betreten sollten. Doch wenn das Fluidum schwach ist und einem auch nur die geringsten Zweifel kommen, kann man diese Kunst nicht ausüben. Man übt das Fluidum und müht sich, das Herz frei von Zweifeln zu machen. Doch weil das den Charakter der Einseitigkeit trägt, ist es nicht die wunderbare Kunst, das Herz in seinen Reaktionen ungehemmt und frei zu machen. Denn dabei müssen die Bemühungen umfassend sein. Wenn das Prinzip klar ist und man sich technische Fertigkeiten zugelegt hat und das heftige Fluidum friedlich wird, dann wird man zur Reife gelangen und zum Wesen vordringen. Wenn man von Beginn des Studiums an sich nur theoretisch bemüht, begibt man sich damit des tragenden Gerüstes und wird es trotz aller Anstrengungen nicht zu technischer Fertigkeit bringen.«

Einer unter ihnen schien mir ein Groß-Tengu zu sein; seine Nase stand nicht so weit vor, seine Flügel waren kaum zu sehen, korrekt in Zeremonialkleidung saß er auf seinem Sitz und hob an und sprach: »Alles, was ihr da jeweils erörtert habt, ist nicht unvernünftig. Seit alters her gilt es, daß das Gefühl warm und der Wille freundlich ist, daß man in seinen Bemühungen um die Technik beständig ist, daß man ungebeugt bleibt und sie nicht vernachlässigt, daß man den Überlieferungen des Meisters Vertrauen schenkt und von früh bis spät sich aus ganzem Herzen müht, sich in der Technik prüft, zweifelhaften Dingen gemeinsam auf den Grund geht, in Übung zur Reife gelangt und sich selbst und sein Prinzip erfaßt. Dann ist man im Innern von tiefer Erkenntnis. Zunächst überliefert der Meister die Technik, ohne über das, was in ihr enthalten ist, ein Wort zu verlieren. Er wartet allein darauf, daß es der Schüler sich selbst erschließe. Das nennt man ›spannen, aber nicht abschießen‹. Nicht weil er ein erbärmlicher Charakter wäre, hält er mit Erklärungen zurück. Er will dadurch lediglich erreichen, daß der Schüler unter Einsatz seines Herzens in Übung zur Reife gelangt. Wenn der Schüler sich aus ganzem Herzen müht und dann aus eigener Kraft etwas erreicht hat, dann geht er und tritt vor den Meister. Und der Meister, wenn es nach seinem Herzen ist, bestätigt es ihm lediglich. Von seiten des Meisters geht keine Unterweisung aus. Das ist nicht nur bei den Künsten so. K'ung-tzu sagt: ›Wenn ich eine Ecke zeige, und er kann es nicht auf die drei anderen übertragen, so wiederhole ich nicht.‹ Nach dieser Methode pflegten die Alten zu unterweisen. Deshalb waren bei ihnen Künste und Wissenschaft gleichermaßen wahr und tief. Bei den Menschen unserer Zeit ist das Gefühl seicht und der Wille unbeständig, von Jugend auf verabscheuen sie Anstrengung und lieben das Bequeme, und das geht so weit, daß sie jeden kleinen Vorteil, den sie wahrnehmen, sich möglichst schnell zu verschaffen suchen. Wenn man sie nach der Methode der Alten unterweist, gibt es kaum jemanden, der sie übt. Heute wird ihnen der Weg von seiten des Meisters geöffnet, auch dem Anfänger tut er mit Worten des Weges Geheimnisse kund und zeigt ihm, wohin er führt, ja, er faßt den Schüler bei der Hand und zieht ihn vorwärts – mehr ist das nicht! Doch weil man nur so vorgeht, langweilen sich viele und machen nicht weiter. Nach und nach erreichen die Schüler, was das Prinzip angeht, zwar ein hohes

Niveau, tun deshalb die Alten als unzulänglich ab und mühen sich gar, ohne über ausreichende Übung zu verfügen, den Himmel zu ersteigen. Und das ist nun die Tendenz der Zeit! Einen Menschen zu führen, gleicht dem Lenken eines Pferdes. Es gilt, das Fluidum, das es zum Ausbrechen verleitet, zu unterdrücken und das rechte Fluidum, das es von selbst in Gang bleiben läßt, zu fördern, aber ohne Gewalt anzuwenden!

Wenn man sein Herz zu sehr in der Technik engagiert, wird das Fluidum dadurch gebunden und ist nicht harmonisch und ausgeglichen. Man kann sagen, daß das über der Suche nach dem Ende den Anfang vergessen heißt. Doch es gänzlich zu verwerfen und zu sagen, man dürfe nicht üben, ist auch nicht angängig. Die Technik ist die Funktion der Schwertkunst. Wenn man ihre Funktion verwirft, woran soll sich dann das Prinzip ihres Wesens erweisen? Dadurch, daß man ihre Funktion übt, erkennt man ihr Wesen, und daß man durch sie das Wesen erkennt, darin liegt die Freiheit der Funktion. Wesen und Funktion sind eines Ursprungs, zwischen äußerer Erscheinung und Substanz liegt kein Zwischenraum. Man kann das Prinzip zwar plötzlich erkennen, doch wenn man in der Technik nicht reif ist, verhärtet sich das Fluidum, die Form wird nicht frei. Die Technik ergibt sich aus dem Prinzip, das Formlose herrscht über das Geformte. Deshalb übt man die Technik aus dem Fluidum heraus, und man übt das Fluidum aus dem Herzen heraus – das ist die Reihenfolge der Dinge. Doch wenn man in der Technik

Reife erlangt hat, ist das Fluidum gesammelt und der Geist ruhig. Der Schiffer ergreift sein Ruder und läuft auf der Bordkante entlang, als ob er auf einer breiten Straße einherschritte. Was für Mühen wären für ihn dazu nötig? Ein geübter Schwimmer kann sich auch auf ein großes Gewässer hinauswagen: er weiß, wie er sich zu verhalten hat, damit er nicht ertrinkt. Deshalb ist sein Geist ruhig und schenkt ihm diese Freiheit. Der Holzfäller geht mit einer schweren Last Feuerholz auf dem Rücken einen schmalen Pfad entlang, der Dachdecker ersteigt den Burgturm und verlegt dort seine Ziegeln. Sie alle sind reif in ihrer Technik, frei von Zweifeln und fürchten sich nicht, und deshalb ist ihr Geist ruhig und schenkt ihnen Freiheit in ihrem Tun. In der Schwertkunst nun ist es genauso. Wenn man in dieser Kunst reif ist, sie mit dem Herzen durchdrungen und sich in der Technik erprobt hat, wenn man nicht mehr zweifelt und sich nicht fürchtet, dann ist das Fluidum lebhaft und der Geist ruhig, und unbehindert und frei reagiert man auf jede Veränderung der Situation. Doch das Wissen darum erwächst unmittelbar aus der Übung des Fluidums, ebenso das Vertrauen darauf. Deshalb können wir es nur in Worten erörtern. Jenes in Natürlichkeit spontane Entsprechen, im Gehen ohne Form und im Kommen ohne Spur zu sein, sich wundersam zu entfalten und unberechenbar zu sein, das erreicht man nicht dadurch, daß man sich in seinem Herzen gründlich damit auseinandersetzt; es ist nichts, was man sich durch bloßes Hören aneignet, es wird auch nicht vom Meister überliefert. Allein indem man durch eigene Übung technische Fertigkeit erlangt, erreicht man es auf natürliche Weise. Die Tätigkeit des Meisters beschränkt sich darauf, dem Schüler die Wegesbahn zu weisen. Das ist nicht leicht zu erörtern, und somit auch selten in der Welt.«

Einer fragte und sprach: »Wenn es so damit steht, ist es dann nicht ein Weg, der Leuten wie mir bei aller Übung unerreichbar bleiben wird?«

Er antwortete: »Wieso sollte er denn unerreichbar sein? Man kann durch Lernen sogar den Stand eines Heiligen erreichen – um wieviel mehr dann nicht Meisterschaft in einer begrenzten Kunstfertigkeit wie der Schwertkunst? Schwertkunst ist in der Hauptsache ein Üben des Fluidums, und deshalb läßt man zu Beginn des Studiums das Fluidum durch die Technik üben. Wenn man von Beginn des Studiums an das Fluidum von der Technik getrennt übt, so ist das sinnlos, man hat nichts, woran man es prüfen könnte. Wenn man in der Übung des Fluidums reif ist, wird man zum Herzen vordringen. Doch dürfte es hierbei von den angeborenen Fähigkeiten abhängen, wie schnell oder wie langsam man vorwärts kommt. Die wundersame Entfaltung des Herzens ist leicht einzusehen – doch schwierig ist es, aus eigener Erkenntnis heraus in jeder wechselnden Situation frei zu sein. Die Schwertkunst ist eine Kunst, bei der es um Leben und Tod geht. Es ist leicht, das Leben von sich zu werfen und in den Tod zu gehen, doch schwierig ist es, Leben und Tod nicht als Dualität zu erfahren. Wer aber Leben und Tod nicht mehr als Dualität erfährt, der wird ohne Schwierigkeiten zur Freiheit gelangen.«

Einer fragte: »Wenn sich das so verhält, kann dann ein Zen-Mönch, der über die Begriffe Leben und Tod hinausgelangt ist, zur Freiheit im Sinne der Schwertkunst gelangen?« Er antwortete: »Das Ziel der Übung ist verschieden. Jener haßt den Kreislauf der Wiedergeburten und lebt in Erwartung seines völligen Erlöschens. Er hat sich über Leben und Tod hinweggesetzt, indem er sein Herz von Anfang an dem Tod anheimgegeben hat. Deshalb wird er, wenn er sich inmitten zahlreicher Gegner befindet, selbst wenn sich die Form in Staub auflöst, es ohne weiteres fertigbringen, in seinen Gedanken unbewegt zu sein. Er verweigert sich den Ansprüchen des Lebens. Das einzige, was er tut, ist, daß er den Tod nicht haßt. Wenn man sagt, daß für den Heiligen Tod und Leben eine Einheit bilden, so ist das von dieser Einstellung verschieden. Wenn man sich im Leben an das Leben und beim Tode dem Tod hingibt, spaltet man sein Herz nicht auf. Nur dem folgen, was Rechtlichkeit ist, und seinen Weg erfüllen! Dadurch gelangt man zur Freiheit.«

Einer fragte: »Leben und Tod ohne Vorliebe oder Abneigung gegenüberzustehen, das ist ein Standpunkt. Doch wenn jener sich den Ansprüchen des Lebens verweigert, handelt er darin nicht auch frei?«

Er erwiderte: »Er richtet sein Herz von Anfang

Zwei Tengu verfolgen einen Artgenossen
Schwertstichblatt, 16. Jh., Louvre

an auf etwas anderes. Für jenen steht das völlige Erlöschen im Vordergrund, die Ansprüche des Lebens lassen ihn gleichgültig; für ihn ist lediglich der Tod etwas Positives. Deshalb gelingt es ihm nicht, den Ansprüchen des Lebens gegenüber frei zu sein. In der Lehre des Heiligen werden Leben und Tod nicht als Dualität begriffen; im Leben erfüllt er den Weg des Lebens, und im Tode erfüllt er den Weg des Todes. Es kommt nicht die geringste Bewußtseinsregung auf, und in seinen Gedanken ist er nicht bewegt. Deshalb ist er im Leben frei und im Tode frei. Jener (der Zen-Mönch) sieht in der Schöpfung nichts als Illusion und Täuschung, in der Menschenwelt nichts als Traum und Schein. Und so glaubt er, den Weg des Lebens zu erfüllen, heiße am Leben zu kleben und in seine Geschäfte verstrickt zu sein. Man kann das auch daran sehen, wie er sich im täglichen Leben verhält. Er distanziert sich vom Schrifttum, lehnt (die Stufung in) Herrscher und Untertan als unnütz ab, macht keinen Unterschied zwischen Strafe und Belohnung, trifft keine militärischen Vorkehrungen, und wenn er Kultus und Regierung der Heiligen betrachtet, so dünkt ihn das die Spielerei eines Kindes. Und die Schwert- und Speerkunst, die er als alltäglich verwirft und ablehnt, was für einen Sinn sollte sie für ihn haben? Wenn der Tod ihn ereilt, hängt er nicht am Leben. Er weiß lediglich, daß die ganze Welt eine Transfiguration des Herzens ist.«

Einer fragte: »Wie steht es aber damit, daß seit alters her Schwertkünstler sich Zen-Mönchen angeschlossen haben und deren tiefste Geheimnisse erfahren haben?«

Er antwortete: »Es ist nicht so, daß die Zen-Mönche die Geheimnisse der Schwertkunst überliefert hätten. Nur wenn man im Herzen ausgeglichen ist, wird man den Dingen ganz gerecht. Weil man das Leben liebt und daran hängt, leidet man andererseits am Leben. Wenn man wie in den Höllen der Drei Welten[7] in allen Fasern seines Herzens aufgewühlt und erregt ist, dann zeigt das nur, daß man sich dem Leben gegenüber falsch verhält. Jene hatten viele Jahre lang ihren Willen auf diese Kunst gerichtet, hatten sich keinerlei Ruhe gegönnt, hatten ihr Fluidum geübt und die Technik gemeistert, doch hatte sich bei Sieg und Niederlage das Herz noch nicht geöffnet. Zornig und unwillig verbrachten sie Jahre und Monate. Dann schlossen sie sich einem Zen-Mönch an und wurden vertraut mit dem Prinzip von Leben und Tod, und als sie hörten, daß alle Dinge dieser Welt lediglich Transfigurationen des Herzens seien, öffnete sich alsbald ihr Herz, und ihr Geist wurde ruhig. Sie lösten sich von dem, wonach sie gestrebt hatten und wurden somit frei. Dadurch, daß sie viele Jahre lang ihr Fluidum geübt und in der Technik geprüft hatten, hatten sie die Voraussetzungen dafür geschaffen. Dahin gelangt man nicht von einer Stunde zur anderen. Mit der Erleuchtung unter dem Stock eines Zen-Meisters steht es genauso: sie stellt sich nicht aus heiterem Himmel ein. Wer in der Kunst noch nicht reif ist, der mag berühmten Mönchen und weisen Bonzen nachfolgen und wird doch die Erleuchtung nicht erlangen!«

II

»Obwohl man in allen Künsten, vom Jonglieren mit Bällen bis zum Rotierenlassen von Tellern auf einer Stange, durch praktische Übung zur Meisterschaft gelangt, wird ihre höchste Vollkommenheit durch das Fluidum bewirkt. Die Unendlichkeit von Himmel und Erde, die Helligkeit von Sonne und Mond, das Kommen und Gehen von Kälte und Hitze im Wechsel der vier Jahreszeiten, das Werden und Vergehen aller Dinge dieser Welt – all diese Erscheinungen sind nichts anderes als das Wechselspiel von Yin und Yang. Ihr Geheimnis läßt sich nicht mit Worten ausschöpfen. Alle Dinge dieser Welt sind in sie eingebettet, durch ihr Fluidum werden sie ins Leben gerufen. Das Fluidum ist der Ursprung des Lebens. Wenn sich dieses Fluidum von seiner Form (d. h. seinem Träger) löst, dann tritt der Tod ein. Leben und Tod sind nur ein Wechselspiel dieses Fluidums. Wenn man den Ursprung des Lebens kennt, weiß man auch, was der Tod letzthin bedeutet. Wenn man sich über den Weg von Leben und Tod klargeworden ist, dann fallen Dunkel und Helligkeit, Gottheit und Dämon zusammen. Wo also ich meine Position auch heute beziehe: ist es im Leben, so bin ich darin frei, und ist es im Tode, so bin ich auch darin frei. Der Buddhist lebt in der Angst vor dem

Kreislauf der Wiedergeburten. Deshalb tut er die Schöpfung als Täuschung und Illusion ab, er entsagt dem Denken und meidet das Wissen, und indem er in die Leere zurückkehrt, in der es kein Kommen und Gehen gibt, wird er selbst zum Buddha. In der Lehre des Heiligen fehlt die Furcht vor dem Kreislauf der Wiedergeburten. Dort kehrt man über die Umwandlung einfach in die Auflösung zurück. Wenn man das Fluidum übt, kommt das Wissen um das Herz ganz von selbst.

Obwohl das Prinzip von Leben und Tod leicht zu erkennen ist, sich auch nur vorübergehend um dieses Leben zu grämen, das nennt man Irr-Herz. Weil dieses Irr-Herz willkürlich in Bewegung ist, quält sich der Geist und weiß nicht, daß er beständig eine große Last mit sich herumschleppt.«

Einer fragte: »Der tiefste Sinn erschließt sich nicht durch bloßes Zuhören. Doch würde ich gern in großen Zügen etwas über das Üben hören.«

Er antwortete: »Den Weg kann man nicht sehen und nicht hören. Was man davon hören und sehen kann, das sind nur Spuren des Weges. Von seinen Spuren hier das zu erkennen, was hinter den Spuren steht, das nennt man Intuition. Wenn Lernen nicht intuitives Erfassen ist, ist es nutzlos. Wenn die Schwertkunst auch nur eine begrenzte Kunstfertigkeit ist, ist sie doch das wundersame Walten des Herzens, und wer zu ihrem innersten Kern vordringt, der bringt sich in Einklang mit dem Weg. Obwohl mir Intuition bislang versagt geblieben ist, habe ich doch hintenherum einiges gehört. Das will ich dir jetzt kurz berichten. Nimm es cum grano salis und bleib nicht am Worte kleben! Also: was über das Herz die Form bestimmt, das ist das Fluidum. Deshalb werden die Funktionen des ganzen Leibes vollständig vom Fluidum geregelt. Den immateriellen Teil des Fluidums, den nennt man Herz. Es trägt in sich das Himmlische Prinzip und ist diesem Fluidum übergeordnet. Das Herz ist ursprünglich ohne Form und Klang, ohne Farbe und Geruch, erst über das Fluidum tritt es in Funktion. Was obere wie untere Bereiche durchdringt, das Fluidum ist es. Jeder noch so belanglose Gedanke fällt in den Bereich des Fluidums. Die Bewegung des Herzens, die entsteht, sobald es mit den Dingen in Berührung kommt, nennt man Gefühl *(jō)*. Daß die Betrachtungen nur so kommen und gehen, das nennt man Denken *(nen)*. Wenn das Herz seinen Empfindungen entsprechend in Bewegung ist und den Himmlischen Gesetzen seiner Natur folgt, dann durchdringt Klarheit sein ganzes Wirken, und das Fluidum ist nicht willkürlich in Bewegung. Um ein Beispiel zu gebrauchen: es ist, wie wenn ein Boot, der Strömung folgend, stromabwärts treibt. Obgleich es sich bewegt, ist das Boot doch ganz ruhig und zeigt keine Spur einer Bewegung. Das nennt man ›in der Bewegung unbewegt‹. Die gewöhnlichen Menschen haben die Wurzeln ihrer Illusionen über Leben und Tod noch nicht durchschnitten. Beständig liegt Dunkel über ihnen und hält Klarheit von ihnen fern. Deshalb sind sie, wenn nicht gerade von Heiterkeit oder Zorn, Freude oder Trauer erfüllt, töricht und hohl und als ob man sie mit schmutzigem Wasser angefüllt hätte. Doch die geringste Bewegung eines einzigen Gedankens genügt, und das, was im Dunkel liegt, erhebt sich, Leidenschaften und Begierden geraten in wirre Bewegung, das Ich bedrängt das Gewissen *(ryōshin)*. Es ist, wie wenn man ein Boot gegen die Flut stakt: dann gehen die Wellen hoch, das Boot ist in Bewegung, man ist innerlich unruhig. Wenn das Fluidum in wirrer Bewegung ist, ist man in seinen Reaktionen nicht frei. Die Schwertkunst ist eine Angelegenheit von Sieg und Niederlage. Schon von Beginn des Studiums an ist es notwendig, die Wurzeln der Illusion über Leben und Tod zu durchschneiden. Doch die Wurzeln der Illusionen über Leben und Tod lassen sich nicht plötzlich durchschneiden. Deshalb muß man, um das Prinzip von Leben und Tod zu erkennen, sein Herz erschöpfen, das Fluidum üben, sich in der Technik des Kämpfens erproben, muß sich unablässig mühen. Indem man bis zur tödlichen Erschöpfung übt, gewinnt man Reife in der Technik, das Fluidum kommt zur Ruhe, indem man im Herzen das Prinzip von Leben und Tod erfaßt, gibt es weder Zweifel noch Irrtümer mehr. Ist auf diesem einen Pfade die Klarheit durch nichts mehr gehemmt, dann sind dabei auch die Gedanken unbewegt. Wenn die Gedanken dabei unbewegt sind, erstreckt sich die Klarheit auch auf das Fluidum, es ist lebhaft und beweglich, es greift über auf das Herz, das nun in seinem Wirken ohne Hemmnis und Einschränkung ist, frei und unbehindert gebietet es über die jeweilige Form. Daß das Herz seinen Empfindungen folgt, in seinen Reaktionen schnell ist, das gleicht dem unmittelbaren Einfallen des Mondenscheins, sobald man die Tür öffnet, oder dem Ton, der entsteht, sobald man einen Gegenstand anschlägt. Im Kampf erweist sich das Reaktionsvermögen. Wenn das Ich frei vom Denken ist, dann bietet die Form keine Angriffspunkte. Wenn sie Angriffspunkte bietet, so sind das die Auswirkungen der Gedanken, die in ihr in Erscheinung treten. Weist die Form keine Angriffspunkte auf, dann gibt es nichts, womit man ihr begegnen könnte. Das nennt man ›weder ein Ich noch einen Gegner haben‹. Gibt es ein Ich, so gibt es auch einen Gegner. Weil kein Ich vorhanden ist, ist es, als ob Gut und Böse, Aufrichtig und Falsch dessen, der da kommt, bis in den kleinsten Gedanken hinein in einem Spiegel widergespiegelt würden. Es ist nicht so, daß man es aus dem Ich heraus widerspiegelte, es ist lediglich ein Sich-Spiegeln dessen, das da kommt. Es verhält sich da so wie bei einem Mann von vollendeter Tugend, dem mit Falsch nicht beizukommen ist. Darin liegt das Wunder der Natürlichkeit. Wenn man aus dem Ich heraus jenes widerspiegeln will, so ist dies ein Gedanke. Und weil dieser Gedanke das Ich behindert, ist das Fluidum gehemmt und die Reaktion nicht frei. Wer über das wundersame Walten der Planlosigkeit nicht nachdenkt oder nicht bewußt danach handelt, in seinen Bewegungen wie eine Gottheit ist, den bezeichnet man als einen Menschen, der die Schwertkunst erfaßt und in sie eingedrungen ist.

Schwertmeister bei der Unterweisung
durch einen Tengu
Aus einer illustrierten Überlieferungsschrift der
Yagyū-Shinkage-ryū

Nun ist es leider so, daß wir Tengu lange Nasen, Schnäbel und Flügel haben, und weil uns das hindert, in anderen Künsten zur Klarheit zu kommen und es uns darin nicht gelingt, in den Reaktionen des Herzens frei zu sein, haben wir von Anfang an unseren Willen einseitig auf diesen einen Pfad gerichtet. Dies ist der Bereich, in dem wir unser Herz schulen und unser Fluidum üben. Doch wir lassen außer acht, daß auch die anderen Dinge von hoher Bedeutung für uns sind, mögen die Dinge auch über Augen und Ohren auf uns eindringen, wir übersehen sie offenen Auges. Geschweige denn, daß wir gar unser Herz daran hängen! So sind wir zwar in dieser einen Kunst geübt und zur Klarheit gelangt, doch an größeren Maßstäben gemessen sind wir zu nichts anderem zu gebrauchen. Unsere Klarheit ist nur begrenzt. Es ist, als ob man eine Lampe in einen Kasten stellte und diesen nur an einer Seite öffnete. Auf der Seite, wo sich die Öffnung befindet, ist es hell, auf die anderen Seiten aber dringt der Lichtschein nicht. Was schwach auch anderswohin fällt, das ist nur ein indirekter Lichtschein. So steht es auch mit uns, und deshalb gelingt es nicht, das Ganze in den Griff zu bekommen. Zuerst nimmt man nur eine kleine Öffnung wahr; wenn man diese Öffnung, seine Kraft gebrauchend, erweitert, dann wird durch die Kraft der Übung die Öffnung nach und nach groß, und groß wird auch der erhellte Bereich. Wenn man mit Erde und Himmel und allen Dingen dieser Welt als Schwert übte und diesen Kasten zerschlüge, dann würde die ganze weite Welt von Helligkeit erfüllt, die Reaktionen des Herzens wären unbehindert und frei, und mögen uns dann auch mächtige Gegner wie Reichtum, Adel, Armut, niedere Geburt, Unglück und Not, Kummer und Schmerz von vorn und hinten, von rechts und von links bedrängen, die Gedanken sind nicht im geringsten bewegt, man verjagt die Gegner, wie man mit einem Fächer Fliegen verjagt. Sie alle werden vor uns hingestreckt liegen, und keiner wird mehr sein Haupt erheben können. Wenn wir dahin kommen, dann wird auch unsere Nase schrumpfen, und auch ohne Flügel werden wir die Freiheit des Fluges besitzen.

Weil es im allgemeinen so ist, daß ein Mann, der es in einer einzelnen Kunst zur Meisterschaft gebracht hat, beständig aus seinem Herzen heraus handelt, hat er darin bereits einen Schimmer des Prinzips (des Weges) erhascht. Doch weil sein Wille in erster Linie auf diese seine Kunst gerichtet ist, bleibt er darin befangen, es ist ihm unmöglich, den Weg zu beschreiten. Mag er auch manchmal die Wissenschaft lieben – weil er die Kunst zum Herren macht und die Lehre vom Weg zum Gefolgsmann degradiert, wird bei ihm alles, was er über ihr tiefes Prinzip zu hören bekommt, zu Knechten der Kunst, er versteht es nicht, es in größere Zusammenhänge zu stellen. Wie erst sollte es seinem Herzen förderlich sein? Wenn sich jemand, der eine Kunst übt, dies zu eigen macht, dann wird die Kunst, die er da Tag für Tag übt, seinem Herzen förderlich sein und ihm das Geheimnis seines wahren Wesens offenbaren. Dabei wird er auch in seiner Kunst Freiheit erlangen. Doch ist es schwer, sich eines jeden Gedankens, an den man sich von Anfang an klammerte, zu entledigen. Wenn er durch Wissenschaft und Kunst gemeinsam wenigstens sein Selbst-verhaftetes Herz *(shishin)* ausschaltet, dann gibt es in der ganzen Welt nichts mehr, was sein Ich in Bewegung versetzen könnte, er reagiert ungehindert und frei. Ein Selbst-verhaftetes Herz muß sich nicht bloß auf solche Dinge wie Gold und Silber, Geld und Besitz, Liebe und Begier, Machenschaften und Täuschungen richten, es braucht auch nicht schlecht zu sein, wenn sich auch nur ein Gedanke im geringsten irgendwo anklammert, dann ist es schon Selbst-verhaftet. Ist diese Anklammerung nur gering, dann ist auch das Herz nur gering behindert, ist sie aber groß, dann ist auch das Herz schwer behindert. Jemand, der es in einer Kunst zur Meisterschaft gebracht hat, weiß zwar genau, daß ein Selbst-verhaftetes Herz ihm bei der Ausübung seiner Kunst von Schaden ist, aber er macht nicht den Versuch, das in den größeren Zusammenhang mit der Reaktion des Herzens zu bringen. Selbst bei der Übung des Herzens verhält es sich so: das Prinzip ist zwar schnell und leicht zu erkennen, doch wenn ein einziger Gedanke Schatten verbreitet, kann man es nicht tatsächlich üben. Es ist das Ich, das das Herz übt, und es ist ebenfalls das Ich, das die Kunst übt. Doch ist es nicht so, daß es hier zwei Herzen gäbe. Das sollte man immer wieder wohl bedenken!

Nun gibt es viele, die in der Kunst reif sind, deren Fluidum in Harmonie ist, die erprobt haben, was ihnen beim Kämpfen von Vorteil ist, die nicht mehr zweifeln und nicht mehr irren, deren Geist ruhig ist und die die Freiheit erlangt haben. Obgleich ihr wundersames Walten gleichsam göttlicher Art ist, haben sie sich doch noch nicht jeglicher Stütze entledigt: sie gleichen darin dem Schiffer, der die Bordkante entlangläuft, oder dem Dachdecker, der den Burgturm erklettert und dort seine Dachpfannen verlegt. Solche Leute bezeichnet man als erfahrene Waffenkünstler.«

Einer fragte: »Wie muß man es machen, um nun durch die Ausübung einer Kunst das Studium des Weges zu fördern?«

Er antwortete: »Das Herz ist nichts als Naturanlage *(sei)* und Gefühl *(jō)*. Die Naturanlage ist das Himmlische Prinzip des Herzens, sie ist ruhig und unbewegt und besitzt weder Farbe noch Form. Erst durch die Bewegung der Gefühle wird sie falsch oder aufrichtig, gut oder böse. Aufgrund des Wandels der Gefühle gewinnt man Einblick in das wundersame Walten des Herzens, man weiß um die Trennung zwischen Himmlischem Prinzip und menschlicher Begierde. Das nennt man Wissenschaft. Was ist das nun für ein Ding, das Wissen um diesen Sachverhalt? Wir bezeichnen mit Wissen eine göttliche Klarheit, unfehlbar und unangreifbar, weil schon versehen mit angeborener geheimnisvoller Erkenntnis. Es bezeichnet nicht die Schlauheit des oberflächlichen Wissens. Die Schlauheit des oberflächlichen Wissens entspringt dem Bereich des Bewußtseins. Das Bewußtsein ist Wahrnehmung des Herzens. Obwohl auch das Bewußtsein ursprünglich von göttlicher Klarheit ist, wird es von guten oder bösen Gefühlen beeinflußt und tritt so in Erscheinung, und deshalb weist auch das Bewußtsein Falsches und Richtiges, Gutes und Böses auf; indem es so in Erscheinung tritt, unterstützt es die guten und bösen Gefühle und bewirkt so eine Ich-verhaftete Geschicklichkeit. Diese nennt man oberflächliches Wissen. Das eingeborene göttlich klare Wissen ist unabhängig von guten oder bösen Gefühlen, es ist rein und ursprünglich, wohin sein Prinzip strahlt, da gibt es kein Selbst-Verhaftetsein, deshalb ist es weder gut noch böse, sondern nur klar. Wenn sich das Bewußtsein daran ausrichtet und sich nicht mehr mit Selbst-verhafteten Geschicklichkeiten abgibt, dann zügelt es mit Erfolg die Gefühle und wird nicht darin festgehalten und macht, daß sie den Himmlischen Gesetzen des Herzens folgen. Und wenn die Gefühle dem Herzen folgen, wenn es nicht mehr an Gut und Böse klebt und frei ist von Regungen der Furcht, dann kommt das Bewußtsein in Harmonie mit der göttlichen Klarheit, und das Wissen tritt in Funktion. Wenn man dahin gelangt ist, findet sich keine Spur des Bewußtseins mehr. Das nennen wir Nicht-Bewußtsein *(mu'i)*. Doch wenn es Gefühle und Begierden fördert und deshalb zu Machenschaften und Täuschung greift und nicht einhält in seinen verschiedenen Wandlungen, dann schlägt das Ich das Herz in Fesseln und verhindert des Herzens Klarheit. Das nennt man Irr-Herz *(mōjin)*. Weil sich bei den meisten Menschen Gefühl und Leidenschaft zum Herrn des Herzens aufschwingen, werden sie durch dieses Irr-Herz in dauernder Bewegung gehalten, und sie wissen nicht, was ihren Geist so plagt. Deshalb fegt man durch die Wissenschaft diese Irrtümer des Irr-Herzens beiseite, erkennt das Himmlische Prinzip seines Herzens und läßt seine Klarheit hervorbrechen, und indem man seinen Himmlischen Gesetzen folgt, greift man nicht mehr zu den Täuschungen eines oberflächlichen Wissens, man läßt die Dinge Dinge sein und läßt sich nicht mehr von ihnen einspannen, man fügt sich den Ereignissen, wie sie gerade kommen, man begehrt nicht und man haßt nicht. Deshalb kann man ruhig den ganzen Tag lang Betrachtungen anstellen, weil man nicht Selbst-verhaftet ist, bereitet man seinem Herzen kein Ungemach; obwohl man sich den ganzen Tag lang mit seiner Tätigkeit abmüht, bereitet es dem Geist keine Plage. Man vertraut sich dem Schicksal an, und über das, was recht ist, bestehen keinerlei Zweifel noch Irrtümer mehr. Man ist in seinem Herzen voll Aufrichtigkeit und in seinem Willen unbeirrbar, man greift nicht zu irgendwelchen Täuschungen und Machenschaften, um einem Unheil zu entgehen, man gibt sich nicht mit oberflächlichem Wissen zufrieden, nur um Vorteile zu ergattern. Im Leben gibt man sich dem Leben anheim und erfüllt seinen Weg, und beim Tode gibt man sich dem Tode anheim und sorgt sich nicht um das, was kommt. Mögen Himmel und Erde sich wandeln und bewegen, dieses Herz läßt sich davon

nicht mitreißen, mögen alle Dinge dieser Welt es auch bedecken, dieses Herz wird dadurch nicht in Verwirrung gebracht. Im Denken klammert man sich nicht fest, und im Handeln ist man unabhängig. Sein Herz zu kennen und sein Fluidum zu pflegen, ganz fest zu stehen und sich nicht zu beugen, nichts zu vernachlässigen, ganz ruhig zu sein ohne Streit und Unterdrückung – wenn man von Beginn des Studiums an diesen Willen pflegt, dann wird einem sogar Besuchszimmer-Geschwätz zu einem Mittel der Herzensübung. Im Prinzip, da gibt es weder groß noch klein; auch das Geheimnis der Schwertkunst geht darüber nicht hinaus. In jene Kunst dringt man durch Übung ein, und wenn es dann darum geht, im alltäglichen Handeln das Herz zu erkennen, wird es helfen und fördern und von großem Vorteil sein, daß man bereits in eine Kunst eingedrungen ist. Vom Seichten begibt man sich ins Tiefe, auf Niedriges tritt man und steigt zur Höhe hinauf – das war von alters her die Methode, durch die Kunst das Studium des Weges zu fördern, diese zu üben und jenes zu erreichen. Wenn man über fünfzig ist, gehorchen einem Hände und Füße nicht mehr richtig, oder wenn man krank ist oder einem sein Amt keine freie Zeit läßt, dann kann man sich der Technik (der Schwertkunst) nicht widmen. Wenn man den Beruf eines Kriegers ausübt, es aber nicht aus dem Herzen heraus tut, ist man dabei nicht glücklich. Doch selbst wenn Hände und Füße nicht mehr gehorchen oder einem der Kopf zerspringen möchte – wenn man sich darin üben will, in seinem Herzen eine Einheit zu sein, dann nimmt man seinen Willen, wie vorher erörtert, zusammen und übt seines Herzens Unwandelbares. Wenn sich dadurch das Prinzip der Einheit von Leben und Tod eröffnet und wenn Himmel und Erde und alle Dinge dieser Welt einen nicht mehr behindern, dann mag man auch ans Bett gefesselt sein oder sogar den Beruf eines Brandwächters ausüben – was sich im Herzen widerspiegelt, was Ohren und Auge trifft, damit als Schwert muß man die Übung des Herzens betreiben. Wenn man aber Muße hat, begibt man sich zu einem Meister der Kunst und übt sich in der Technik, man vernimmt ihr Prinzip und erkennt es im Herzen, und steht man dann dem Gegner gegenüber, ficht man nach besten Kräften und sieht dem Tod frohgemut ins Auge – was könnte einen denn grämen? Ein Krieger muß nur darauf achten, daß sein Wille ungebrochen bleibt. Der Erscheinung nach gibt es zwar Alte und Junge, Starke und Schwache, Kranke und Vielbeschäftigte, doch das ist alles des Himmels Werk, es ist nichts, das man aus eigener Kraft erlangen und beeinflussen könnte. Wenn man nur den festen Willen besitzt, können auch die Gottheiten und Dämonen von Himmel und Erde einem diesen nicht entreißen. Was deshalb die äußeren Umstände angeht, so überläßt man sie dem Wirken des Himmels, was aber das Ich angeht, so führt man allein seinen eigenen Willen durch. Der Gemeine bekümmert sich um das, was der Himmel tut, aber ist nachlässig gegenüber dem, was er selbst tut. Mit unserer Erkenntniskraft können wir das Tun des Himmels nicht ermessen. Wer sich über die Unzulänglichkeit seiner Erkenntniskraft grämt und sich und seinen Geist damit quält, der ist ein Narr!«

Einer fragte: »Ich habe viele Söhne, doch sind sie noch jung an Jahren. Wie könnten sie sich wohl in der Schwertkunst üben?«

Er sprach: »In alter Zeit war es so, daß sie zuerst sprengen und fegen, antworten und erwidern mußten. Dann betätigten sie sich in den Sechs Künsten, und danach begann für sie die Hohe Schule, in der sie ihr Herz erwiesen. Auch die Weisen aus der Schule des K'ung-tzu waren alle Meister in den Sechs Künsten, und viele unter ihnen hatten die Lehre vom Weg erfaßt. Jemand, der noch jung an Jahren ist und nicht über die Kraft verfügt, zum Prinzip der Sache vorzudringen, der stellt nicht sein oberflächliches Wissen in den Vordergrund, sondern folgt den Worten des Meisters und, als ihm zukommende und angemessene Tätigkeit, bemüht er sich um die Technik, trainiert Hand- und Fußarbeit, kräftigt seine körperliche Verfassung, darüber hinaus übt er sein Fluidum und schult er sein Herz und dringt dadurch in sein Geheimnis ein. So muß es sein. Das ist die Reihenfolge, nach der man beim Üben vorgeht. Man darf ein Stämmchen mit zwei Blättern daran nicht als Pfeiler benutzen, sondern man muß ihm Stützen beigeben und es pflegen, daß es nicht krumm wird! Man muß verhindern, daß sich der Wille schon von jungen Jahren an auf das Falsche richtet. Wenn der Wille nicht aufs Falsche gerichtet ist,

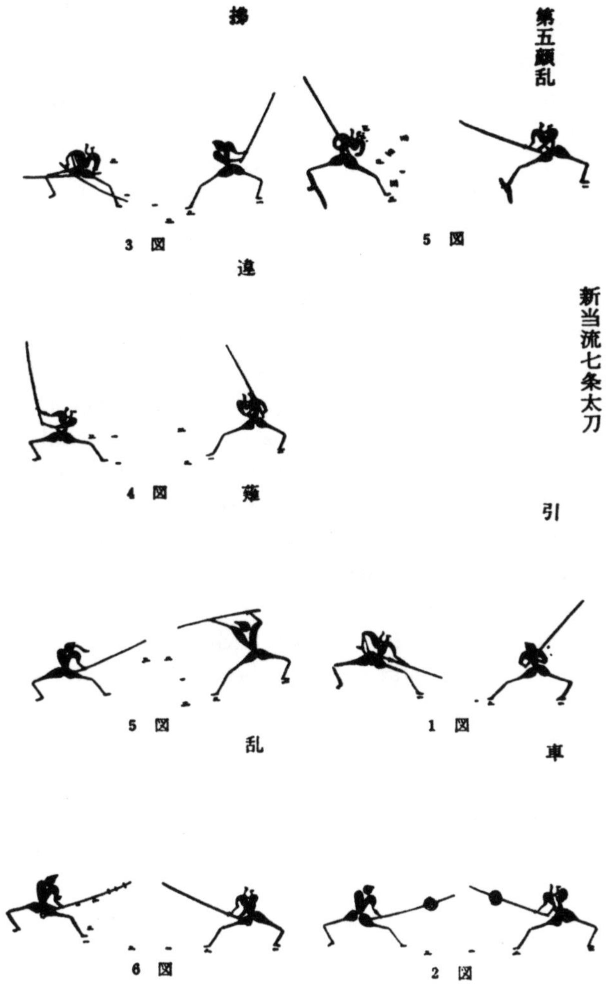

331 神道流組太刀

Fechtpositionen
Aus einer Überlieferungsschrift der *Shintō-ryū*

handelt man nicht einmal im Spiel falsch. Wenn das Herz nicht falsch ist, fügt man dem Richtigen keinen Schaden zu. Menschen, die ihre Aufgabe zwischen Himmel und Erde erfüllen, sind selten. Weil die Menschen durch das Falsche Schaden anrichten, verletzen sie ihre Natur und erfüllen ihre Aufgabe nicht. Des Menschen Herz ist nicht ursprünglich böse, es ist lediglich so, daß er von Beginn seines Lebens an sich zu seiner Entwicklung beständig des Falschen bedient, und deshalb dringt sein Duft in ihn ein, ohne daß er es weiß, er fügt seiner Natur Schaden zu und geht dem Bösen ins Garn. Die Wurzel des Falschen ist die menschliche Leidenschaft. Weil der Gemeine sein Herz nur darauf richtet, sich Vorteil zu verschaffen, merkt er es nicht, wenn das, was ihm Vorteil bringt, falsch ist, und er merkt es nicht, wenn das, was ihm keinen Vorteil bringt, richtig ist. Er weiß an sich selbst nicht zwischen Falsch und Richtig zu unterscheiden, wie erst soll er um das davon Abgeleitete wissen? Deshalb unterdrückt die Wissenschaft die willkürliche Bewegung der Begierden des Menschen, man erkennt durch sie das wundersame Walten des Himmlischen Prinzips im menschlichen Herzen, untersucht, was sich aus Richtig und Falsch ableitet, vertreibt die Falschheit seines Irr-Herzens und fügt seinem angeborenen ursprünglichen Wesen keinen Schaden zu, weiter nichts. Es ist weder ein Ersteigen des Himmels noch ein Kriechen in die Erde; wenn man das Falsche gänzlich meidet, tritt allein das Himmlische Prinzip in Erscheinung. Wenn man das Falsche nur wenig meidet, tritt das Himmlische Prinzip nur wenig in Erscheinung, und wenn man es in hohem Maße meidet, tritt das Prinzip in hohem Maße in Erscheinung. Man muß das selbst in seinem Herzen erproben. Mit der Schwertkunst steht es genauso. Von Beginn des Studiums an stellt man keine unterscheidenden Überlegungen an, man handelt spontan und wird der Technik in Natürlichkeit gerecht, und mit dem Weichen beherrscht man das Harte. Doch wenn man die Technik als unwesentlich erklärt und töricht und hohl und das Fluidum träge wird, dann weiß man nicht um die Grundlage, und deshalb wird man in diesem wie im späteren Leben nicht zum Ziel kommen.«

III

Einer fragte: »Was heißt das, ›in der Bewegung unbewegt, in der Ruhe ruhelos‹?«

Er antwortete: »Der Mensch ist ein Wesen der Bewegung. Es ist ihm unmöglich, sich nicht zu bewegen. Doch ein Mensch, der diese Eigenschaften besitzt, mag zwar von den Geschäften des Alltags stark in Anspruch genommen sein, trotzdem läßt er sein Herz nicht von den Dingen bewegen, sein Herz, frei von Begierden und nicht dem Ich verhaftet, ist ausgeglichen und ruhig. In Begriffen der Schwertkunst gesprochen: wenn man von einer feindlichen Übermacht umstellt ist, doch dabei, mag man auch nach rechts und links seine Hiebe austeilen, der Geist im Hinblick auf Leben und

Tod völlig ruhig ist und die Gedanken von der feindlichen Übermacht unbewegt bleiben, das nennt man ›in der Bewegung unbewegt‹. Hast du nie jemanden ein Pferd reiten sehen? Bei einem guten Reiter mag das Pferd nach Osten oder Westen galoppieren – das Herz des Reiters ist ruhig und ausgeglichen, seine Erscheinung ist ruhig und unbewegt. Für den Zuschauer erscheinen Pferd und Reiter wie aus einem Guß. Weil der Reiter lediglich des Pferdes Launen zügelt, tut er der Natur des Pferdes keine Gewalt an. Obwohl der Mensch, im Sattel sitzend, des Pferdes Herr ist, handelt das Pferd in Übereinstimmung mit ihm, ohne Zwang zu empfinden, läuft es aus eigenem Antrieb. Das Pferd vergißt den Menschen, und der Mensch vergißt das Pferd, sie bilden eine geistige Einheit und sind nicht mehr voneinander geschieden. Man könnte dazu auch sagen, ›im Sattel kein Reiter und unterm Sattel kein Pferd‹. Das ist ein greifbares und leicht einsichtiges Gleichnis für die unbewegte Bewegung. Ein unreifer Reiter tut der Natur des Pferdes Gewalt an, und so kommt auch sein Ich nicht zur Ruhe. Weil Pferd und Ich beständig voneinander getrennt sind und miteinander in Widerstreit liegen, schlenkern Kopf und Gliedmaßen des Reiters hin und her, so wie das Pferd jeweils läuft, und sein Herz ist in Aufruhr. Auch das Pferd ermattet und quält sich ab.

In einem Pferdebuch findet sich folgender von einem Pferde gedichteter Vers:

Zuerst schlägt er mich,
will ich dann aber gehen,
reißt er mich zurück
und hält mich am Maule fest,
daß keinen Schritt ich tun kann!

In diesem Gedicht hat sich der Verfasser in die Lage des Pferdes versetzt und dessen Gefühlen Ausdruck gegeben. Doch ist das hier Gesagte nicht auf den Umgang mit Pferden beschränkt, auch im Umgang mit Menschen muß man so ein (ausgeglichenes) Herz haben! Wenn man der Natur der Dinge insgesamt Gewalt antut und seiner eigenen beschränkten Erkenntnis den Vorrang gibt, dann ist das Ich in steter Aufregung, und auch für die anderen Menschen ist das eine Qual. Was bedeutet nun ›in der Ruhe ruhelos sein‹? Wenn man weder Heiterkeit noch Zorn, weder Trauer noch Freude empfindet, so ist das Herz völlig leer und durch gar nichts belastet, aus dem Zustand völliger Ruhe und Wunschlosigkeit heraus paßt es sich den Dingen an, wie sie gerade kommen, und wird ihnen gerecht – so gibt es nichts, was seiner Funktion Grenzen setzt. Ruhig und unbewegt zu sein, darin liegt des Herzens Wesensart; in Bewegung zu sein und den Dingen gerecht zu werden, darin liegt seine Funktion. Sein Wesen liegt darin, daß es ruhig ist, teil hat am Prinzip aller Dinge und Klarheit besitzt. Seine Funktion liegt darin, daß es sich bewegt, den Himmlischen Gesetzen folgt und allen Erscheinungen dieser Welt gerecht wird. Wesen und Funktion sind eines Ursprungs. Das also will das Wort ›in der Bewegung unbewegt und in der Ruhe unruhig‹ besagen. In Begriffen der Schwertkunst gesprochen: Mit Schwert oder Speer in der Hand steht man dem Feinde gegenüber. Ist man dabei unvoreingenommen, ohne Haß und ohne Furcht, ohne zu denken: ›soll ich's jetzt so machen oder lieber so?‹, und paßt sich aus dieser Haltung heraus dem Gegner an, wie er kommt, dann ist man in seinen Reaktionen ungehindert und frei. Obwohl die Form bewegt ist, verliert das Herz doch nicht sein Wesen, das in der Ruhe liegt, und obwohl man ruhig ist, ist dem Herzen in seiner Funktion, die in der Bewegung liegt, kein Abbruch getan. Das Wesen eines Spiegels liegt darin, daß er ruhig ist und ohne Trübung, daß er den Erscheinungen dieser Welt, wie sie kommen und sich in ihm spiegeln, ausgesetzt ist und ihr Abbild präsentiert und doch, wenn sie vorbeigezogen sind, ihr Spiegelbild nicht zurückhält. Es ist dasselbe wie bei dem Gleichnis vom Mond im Wasser. Und auch die Klarheit des Herzens ist solcher Art. Der gemeine Mensch wird in Zeiten der Bewegung von der Bewegung fortgerissen und verliert sich dabei selbst, und in Zeiten der Ruhe wird er träge und leer und seiner Funktion nicht gerecht.«

»Was hat es mit dem Mond im Wasser auf sich?« Er erwiderte: »Obwohl es den einzelnen Schulmeinungen nach verschieden interpretiert wird, ist es im Grunde einfach so, daß man die spontane, natürliche Reaktion mit der Spiegelung des Mondes im Wasser vergleicht. Es gibt ein Gedicht des Exkaisers über den Teich von Hirosawa, das lautet:

Spiegelt er sich zwar,
tut's der Mond doch absichtslos,
spiegeln sie ihn zwar,
tun's die Wasser doch absichtslos
des Teichs von Hirosawa[8].

Am Sinn dieses kaiserlichen Gedichtes kann man begreifen, was das heißt, spontan und natürlich zu reagieren. Es ist damit genauso wie beim vollen Mond, der als einmaliges Rund am Himmel steht, aber jedes einzelne Gewässer mit einem eigenen Mond versieht. Der Mond splittert seinen Glanz nicht auf und verleiht ihn an die Gewässer; wenn kein Wasser da ist, gibt es eben auch keine Spiegelung. Und doch ist es auch nicht so, daß der Mond erst mit dem Wasser die Fähigkeit gewänne, sich widerzuspiegeln. Für den Mond bedeutet es weder Gewinn noch Verlust, ob er sich nun in allen Gewässern insgesamt widerspiegelt oder ob er sich in einem einzigen Gewässer nicht widerspiegelt. Er sucht sich auch die Größe des Wassers nicht aus. Hieran kann man das wunderbare Wirken des Herzens begreifen. Es ist bei diesem Gleichnis unwesentlich, auf Reinheit oder Trübung des Wassers einzugehen. Wesentlich aber ist: der Mond besitzt Form und Farbe, das Herz jedoch nicht. Auf ihn, der Form und Farbe besitzt und leicht zu erkennen ist, greift man zurück und zieht ihn als Gleichnis heran für etwas, das Form und Farbe nicht besitzt.

Das ist nun mal allen Gleichnissen gemeinsam. Auf der Suche nach dem Sinn aber darf man nicht am Beispiel klebenbleiben!«

Einer fragte: »In vielen Schulen gibt es den Begriff des *zanshin*. Ich bin mir darüber nicht klar. Was bedeutet dieses *zanshin?*«

Er antwortete: »Es bedeutet nichts weiter, als daß man sich nicht mehr von den Dingen hinreißen läßt und das Herz unbewegt ist. Wenn das Herz unbewegt ist, ist die Reaktion klar. In den Dingen des täglichen Lebens ist es genauso. Ginge es auch, wie man sagt, mit einem Satz bis auf den Grund der Hölle, das Ich bliebe das ursprüngliche Ich. Man bliebe vorn und hinten und rechts und links ungehindert und frei. Man ist mit dem Herzen dabei und macht keine Vorbehalte. Doch wenn man im Herzen Vorbehalte macht, geht auch das Denken verschiedene Wege. Es bedeutet nichts anderes, als daß das Herz nicht klar ist und man nicht aus ganzem Herzen handelt; deshalb haut und sticht man blind drauflos. Die Klarheit aber erwächst aus der Unbewegtheit des Herzens, und nur dann sind Hiebe und Stiche gezielt und treffsicher. All diese Dinge sind schwer in Worte zu fassen. Doch wenn man sie nicht richtig versteht, ist das in hohem Maße schädlich.

In vielen Schulen gibt es den Begriff des ›*sen*‹. Auch dies ist ein Wort, geprägt für den Anfänger, das lebhafte Fluidum zu fördern und dem trägen Fluidum zu wehren. In Wahrheit ist es so, daß man sich nicht verliert, wenn nur das Herz unbewegt ist. Immer, wenn ein kräftiges Fluidum den Körper füllt, ist man seinem Ich voraus *(sen)*. Es bedeutet nicht, daß man sein Herz daran hängt, sich vor anderen im Fechten hervorzutun. Letztlich kommt es bei der Schwertkunst doch nur darauf an, das lebendige Fluidum zu pflegen und das tote Fluidum auszumerzen. Auch Formeln wie ›im Angriff abwarten, im Abwarten angreifen‹ umschreiben alle das natürliche Reagieren; lediglich für den Anfänger hat man dem Phänomen vorübergehend einen Namen gegeben. Das ist auch der Sinn, daß man sagt ›in der Bewegung keine Bewegung und in der Ruhe keine Ruhe‹. Wenn man mit einem Anfänger nicht darüber spricht, wie das Fluidum reagiert, wenn es hart oder weich ist, hat er nichts, worauf er sich stützen könnte. Deshalb hat man solchem jeweils Namen gegeben, anhand derer man ihn belehrt. Doch wenn man einen Namen gibt und dann daran festklebt, verfehlt man den eigentlichen Sinn; gibt man keine Namen, schwebt man im leeren Raum und kommt zu keiner Erkenntnis. Wer weder beim ›Hasen‹ noch beim ›Horn‹ den eigentlichen Sinn erfaßt, dem kann man ihn auch nicht durch Worte vermitteln. Das ist bei allen Dingen so. Deshalb braucht ein Meister seines Fachs, wenn er nicht gerade einen Schüler vor sich hat, bei dem es nötig ist, gar nicht geheimnisvoll zu tun und dunkel daherzureden. Wer fähig ist, den eigentlichen Sinn zu erfassen, der versteht sofort, was er sieht und hört.

Wie wir vorher schon erörtert haben, sind Bewegung und Ruhe des gesamten Leibes eine Auswirkung des Fluidums. Das Herz ist demzufolge die Seele (der immaterielle, spirituelle Teil) des Fluidums. Das Fluidum setzt sich zusammen aus der Reinheit und Trübheit von Yin und Yang. Was im Fluidum rein ist, ist lebhaft und bewirkt dessen Leichtigkeit; was darin trübe ist, ist gehemmt und bewirkt dessen Schwerfälligkeit. Die Form entspricht dem Fluidum. Deshalb gilt es in der Schwertkunst, das Fluidum zu schulen. Wenn das Fluidum lebhaft ist, reagiert man leicht, ist schnell; wenn es aber trübe ist, reagiert man nur schwerfällig und zögert. Obwohl man also beim Fluidum Kraft und Gesundheit hochschätzt, gerät es doch, bedient es sich seiner Kraft nur einseitig und ist es nicht ausgeglichen, ins Schwanken, und seine Funktion kommt nicht zum Tragen. Wer sich darauf verläßt, dessen Tun bleibt sinnlos und unwirksam. Doch obwohl man in der Funktion (des Fluidums) die Ausgeglichenheit hochschätzt: herrschen nicht Kraft und Gesundheit darin vor, dann zerfließt sie und wird zur Schwäche. Schwäche und Weichheit sind zwei verschiedene Dinge. Weichheit umschließt lebendiges Fluidum und ist wirksam, Schwäche aber bedeutet lediglich Kraftlosigkeit und ist unwirksam. Auch zwischen Muße und Trägheit besteht ein Unterschied. Muße steht nicht in Widerspruch zum lebendigen Fluidum, doch Trägheit kommt dem toten Fluidum nahe. Wenn man verkrampft ist, so hängt das vom Fluidum ab und läßt sich kaum davon trennen. Es gibt eine

Verkrampfung aus dem Denken heraus, und es gibt den Fall, wo das Yin-Fluidum selbst verkrampft ist. Weil nun beide Formen sich auf den Bereich des Fluidums erstrecken, verhindern sie schnelles Reagieren. Ein verkrampftes Fluidum bedeutet also langsames Reagieren. Wenn das Fluidum bereit ist und man in seiner Reaktion in der Technik schnell ist, dann ist man vom Yang geprägt und unverwurzelt, leicht und trocken. Einem dürren Blatt, das vom Winde verweht wird, gleicht man. Wer naß und gehemmt ist, der wird von der natürlichen Schwere des trüben Fluidums herabgezogen und ist langsam in seinen Reaktionen. Beim Verhärteten hat sich das Fluidum einseitig verlagert; in schwere Ketten gelegt, hat es Form angenommen; zum Stillstand gekommen, bewegt es sich nicht. Deshalb reagiert es außerordentlich langsam. Es ist so wie Wasser, das gefroren ist und nicht zum Schmelzen kommt. Auch hierbei gibt es eine Verhärtung aus dem Denken heraus und eine Verhärtung des Fluidums selbst. Doch auch das, was man als Denken bezeichnet, ist Fluidum. Das Bewußte nennt man Denken, das Unbewußte: Fluidum. Das dürfte man verstehen, wenn man es an sich selbst erfährt.

In seinen Reaktionen unbehindert ist der, bei dem Hart und Weich in ihrem Wandel zwanglos ineinander übergehen. Das ist nicht nur im Bereich der Schwertkunst so, es gilt auch für die Wissenschaft. Wenn man dort durch Übung erreicht hat, daß im Fluidum Hart und Weich in ihrem Wandel zwanglos ineinander übergehen, dann wird man sich das wundersame Walten des Herzens erschließen. Das wundersame Walten des Herzens ist ohne Spuren und läßt sich nicht in Worte fassen. Wenn man somit die Schwertkunst aus dem Fluidum heraus übt, erkennt man, was das Herz erhellt. Wenn man die Wissenschaft aus dem Herzen heraus übt, erkennt man den Wandel und das wundersame Walten des Fluidums. Wenn man aber ihr Prinzip nur in der Theorie verstanden, sie aber nicht in der Übung am eigenen Leibe erfahren hat, dann bleiben Fluidum und Herz bloße Gerüchte und treten nicht in Funktion. Ein Anhänger der Schwertkunst, der zwar sein Fluidum trainiert, es aber nur im Hinblick auf sein Reaktionsvermögen im Bereich der Schwertkunst tut, bleibt deshalb auch in der Erkenntnis des Herzens auf diesen einzigen Sektor beschränkt, es bleibt ihm versagt, sie ins Allgemeingültige auszuweiten. Herz und Fluidum sind im Grunde eine Einheit. Wenn man das an sich selbst nachgeprüft und diesen eigentlichen Sinn erfaßt hat, so dürfte es, mag man in der Übung auch noch nicht die volle Reife erlangt haben, von Nutzen sein, weil man damit wenigstens einer Seite gerecht wird.

Die verschiedenen Schulen haben, was das Erreichen des letzten Geheimnisses angeht, ein Ziel. Doch in ihren Schulmeinungen halten sie sich an die Übungsvorschriften ihrer Wegbereiter und führen fort von der Tür, durch die man, meine ich, eintreten sollte. Demzufolge verlieben sie sich auf ihrem Wege in die Landschaft, und viele verharren darin und halten das für richtig. So sieht man, daß sie viel Aufhebens von den geringfügigsten Schulmeinungen machen und sich darüber streiten, was richtig und was falsch ist. Doch über die wesentlichen Punkte der Schwertkunst ist nicht zu streiten, ob sie etwa richtig oder falsch sind. Die Landschaften auf dem Wege, sie alle sind nur Erscheinungen im Rahmen des Bewußtseins. In ihrer Urnatur sind sie weder zwei noch drei. Erst wenn man unterscheidet, gibt es gut und böse, falsch und richtig, hart und weich, lang und kurz. Über derlei Spitzfindigkeiten könnte man ohne Aufhören diskutieren. Der Gedanke ›was ich weiß, dürften die anderen wohl kaum wissen!‹ ist töricht. Was mir klar ist, das ist auch anderen Menschen klar. Wie könnte ich als einziger ein Wissen haben und die ganze übrige Welt töricht sein? Deshalb ist es überflüssig, etwas zu verbergen. Auch in der Wissenschaft ist es genauso. Lao-tzu, Buddha, Chuang-tzu, Lieh-tzu, Ch'ao Fu[9] und Hsü Yu[10], sie alle sind eins in ihrer Ansicht über das nicht mehr dem Ich verhaftete und von Begierde freie Herz. Deshalb umgarnen sie das Herz auch nicht mit den geringfügigsten selbstsüchtigen Gedanken. Nur die Landschaften, die sie unterwegs gesehen haben, sind verschieden. Und nur deshalb erfolgte eine Trennung, und verschiedene Schulen entstanden. Der Weg des Heiligen hat über sich den Himmel und unter sich die Erde und läßt nicht Berg noch Strom noch Ebene aus. Auch die unterschiedliche Intelligenz von Mann und Frau hängt damit zusammen, was man wissen und in seinem Handeln richtig beachten muß! Es gibt keinen Menschen unter dem Himmel, der nicht mit Menschlichkeit und Rechtlichkeit ausgestattet wäre, keinen, der nicht kindliche Pietät, Bruderliebe, Loyalität und Glaubwürdigkeit besäße. Mag er auch ein Gefolgsmann des Buddha aus Indien sein, er ist der Segnungen des Heiligen teilhaftig und badet in Menschlichkeit und Rechtlichkeit – das kann man nicht anders sagen! Dahin aber kommt man schlecht über die Landschaften der verschiedenen Schulen. Denn der Heilige hat den Blick von der Höhe des Großen Ursprungs von Himmel und Erde und allen Dingen dieser Welt. Die Anhänger der verschiedenen Schulen, sie alle bilden nur Spaltrichtungen der Lehre des Heiligen; dem Großen Wege können sie sich gar nicht widersetzen!«

Einer fragte: »Das Klare und das Trübe machen Yang und Yin aus. Warum also nur das Klare gebrauchen und das Trübe meiden?«

Er antwortete: »Auch das Trübe wird gebraucht. Doch bei der Schwertkunst wertet man am höchsten die Schnelligkeit der Reaktion. Sie ist ohne Yin und Yang unmöglich, aber man braucht davon nur, was klar ist, und nicht die Schwere des Trüben. Um einen Gegenstand zu trocknen, benutzt man Feuer und nicht Wasser; das ist abhängig von der Funktion eines jeden der beiden. Des Herzens Klugheit oder Torheit entspringen ebenfalls der Reinheit oder Trübheit des Fluidums. Was am Fluidum trübe ist, das hindert das angeborene Begriffsvermögen, d. h. die angeborene, natürliche

Klugheit. Das Herz ist ursprünglich leer und hell und nicht dunkel. Nur weil das trübe Fluidum seine Klarheit überschattet, zeitigt es Torheit, Dummheit und Stumpfsinnigkeit. Torheit heißt, im dunkeln tappen und das Prinzip nicht begreifen. Stumpfsinnigkeit heißt, gehemmt und langsam sein. Das trübe Fluidum ist sehr schwer, man wird in seinem Bodensatz festgehalten, die Gedanken bleiben darin kleben und irren im Dunkeln umher, man kann das, was einen bewegt, nicht loswerden. Weder bestimmt man über sich selber, noch folgt man anderen Menschen nach, ständig quält man sich und kommt nicht zur Ruhe – das nennt man Dummheit. Der Durchschnittsmensch weist in seinem Charakter tausend Unstimmigkeiten und zehntausend Widersprüche auf, doch sie alle sind nichts weiter als Seichtigkeit oder Tiefe, Stärke oder Schwäche des trüben Fluidums. Das Herz ist die Seele des Fluidums. Wo das Fluidum ist, fehlt auch sie nicht; wo kein Fluidum ist, fehlt auch sie. Es besteht dabei dasselbe Verhältnis wie zwischen dem Menschen und dem Boot, das er besteigt und übers Wasser fährt. Wenn der Wind heftig ist und die Wellen hoch gehen, dann folgt das Boot dem Winde, wird von den Wellen hin und her gestoßen und weiß nicht, wohin es treibt. Und der Mensch sitzt im Boot und ist voller Unruhe. Ist das trübe Fluidum in wilder Bewegung und findet das Herz deshalb keine Ruhe, so ist das derselbe Fall. Wenn aber der Wind aufhört und die Wellen sich beruhigt haben, dann erst hat auch der Passagier seine Ruhe wiedergefunden. Was des

Menschen Herz verdirbt und seinen Leib in Gefahr bringt, das alles ist allein die wilde Bewegung des trüben Fluidums. Ihr Ursprung ist der wilde Sturm, der aus den Felsenhöhlen der Begierden hervorweht. Auch die Begierden sind eine Seite des trüben Fluidums. Leidet jemand an Überreiztheit und ist er von starken Leidenschaften besessen, so kommt es daher, daß sich das Yin-Fluidum in seiner Steifheit verhärtet und Macht gewonnen hat. Ist jemandes Herz verwirrt und findet nicht zu sich selbst, dann fehlt der Wurzelgrund des Yang-Fluidums. Beim Furchtsamen leidet das Fluidum Hunger und füllt seinen Körper nicht. Wer in seinem Herzen unentschlossen ist, bei dem ist das Fluidum schwach und nicht zur Ruhe gekommen. Das wiederum kommt der Dummheit nahe. Dies sind alles Krankheiten des trüben Fluidums. Doch wer klug und rechtschaffen ist, bei dem sind Yin und Yang in Harmonie und ohne Mängel und Fehler. Wer im Wissen intelligent, im Handeln aber nicht rechtschaffen ist, bei dem hat das Fluidum des reinen Yang zwar die Oberhand, doch seine Yin-Komponente ist schwach. Wer im Handeln rechtschaffen, aber im Wissen nicht intelligent ist, bei dem hat die Yin-Komponente die Oberhand, aber das Fluidum des reinen Yang ist schwach. Über das Yang im Yin und das Yin im Yang, über den Überfluß und den Mangel an Seichtigkeit und Tiefe, Stärke und Schwäche in ihrem Inneren und über die tausend Widersprüche und zehntausend Unstimmigkeiten könnte man endlos diskutieren. Wenn man nach Kategorien vorgeht und im einzelnen untersucht, gibt es nichts, an dem sich nicht das Wirken von Yin und Yang in ihrer Reinheit und Trübheit zeigte. Oben angefangen bei der Größe von Himmel und Erde, unten bis hin zu den kleinsten Dingen wie Flöhen und Läusen, wenn sie nicht von einem Fluidum mit ausgeglichenem Yin und Yang erfüllt sind, können sie die Funktion ihrer Form nicht angemessen erfüllen. Ich habe jetzt hier nur große Umrisse dargelegt.«

»Wodurch kann man nun dieses Fluidum üben?«

Er entgegnete: »Man muß nur seine Trübheit meiden. Das Fluidum mit ausgeglichenem Yin und Yang ist durch sein lebhaftes Sich-Wandeln der Ursprung von Himmel und Erde und aller Dinge. Das Trübe ist der Bodensatz des Yin-Fluidums. Der Bodensatz liegt fest und lebt nicht. Er bewegt sich nur mit Hilfe des Yang. Somit wird dessen Wirken schwerfällig und langsam. Es ist so, wie wenn aus klarem Wasser, wenn man Schlamm hineinwirft, sofort trübes wird. Und wenn es erst mal trübe geworden ist, kann man nichts mehr darin säubern. Im Gegenteil, begießt man einen Gegenstand damit, beschmutzt man ihn. Deshalb heißt Wissenschaft nichts anderes, als durch die Klarheit das Trübe des Fluidums zu meiden. Meidet man das Trübe des Fluidums, dann lebt das Fluidum auf, das Herz tritt als Einziges in Erscheinung, und ein Irr-Herz wird sogleich wieder zum ursprünglichen Herzen. Es ist nicht so, daß diese Herzen zwei sind.

Obwohl Yin und Yang ursprünglich ein einziges Fluidum waren, haben sich, sobald sie sich getrennt hatten, in ihrem Wirken die Verschiedenheiten der tausend Unstimmigkeiten und zehntausend Widersprüche ergeben. Wenn man zwar die Verschiedenartigkeit ihres Wirkens sieht, aber nicht weiß, daß sie ihrem Ursprung nach ein Einziges sind, dann ist einem der Weg nicht klar. Wenn man zwar weiß, daß sie ihrem Ursprung nach ein Einziges sind, aber nicht weiß, daß ihr Wirken verschieden ist, kann man den Weg nicht ausüben. Man muß das allein im Herzen prüfen und sich ehrlich anstrengen; mit bloßen Meinungsäußerungen kann man das nicht erschöpfen! Und nur, weil die Tengu hier auf den Bäumen es in ihren Herzen noch nicht erkannt und verstanden haben, erörtere ich es anhand von Beispielen aus der Welt der Realität.

Das Leben des Herzens im Fluidum gleicht dem Herumschwimmen eines Fisches im Wasser. Der Fisch ist so frei, wie das Wasser tief ist. Wenn große Fische nicht tiefe Gründe zur Verfügung haben, können sie nicht herumschwimmen. Und wenn das Wasser austrocknet, geraten die Fische in Not, wenn das Wasser verschwindet, dann sterben sie. Das Herz ist so frei, wie das Fluidum stark und gesund ist. Wenn das Fluidum dürftig ist, verkümmert das Herz, und wenn das Fluidum erschöpft ist, kehrt das Herz ins Nichts zurück. Deshalb erschrecken die Fische, wenn das Wasser in Bewegung gerät, und das Herz wird unruhig, wenn das Fluidum in Bewegung gerät.

Nicht nur im Kampfe, sondern in allen Dingen gibt es die Möglichkeiten, sich entweder dem Himmel oder dem Schicksal anheimzugeben. In der Schwertkunst bemüht man sich unablässig um das Prinzip von Sieg und Niederlage, und im menschlichen Bereich hält man fest an den natürlichen sittlichen Verpflichtungen und wendet keine selbstsüchtigen Schliche an; in seinem Handeln ist man unabhängig, und in seinem Denken klebt man nicht an Vorstellungen. Das nennt man ›sich dem Himmel anheimgeben‹. Seine menschlichen Verpflichtungen erfüllen, das ist, sich dem Himmel anheimgeben. Es gleicht dem Mühen des Bauern bei der Feldbestellung: er pflügt und sät und jätet und erfüllt damit den Weg, auf dem er bewandert ist. Flut und Dürre und Sturm aber, auf die des Menschen Kraft keinen Einfluß hat, bei diesen verläßt er sich auf den Himmel. Aber gesetzt den Fall, daß man sich dem Himmel anvertraut, ohne vorher seine menschlichen Verpflichtungen erfüllt zu haben, dann wird man des himmlischen Weges nicht teilhaftig. Lediglich den natürlichen Lauf der Dinge abwarten, das heißt, sich dem Schicksal anheimgeben. Doch auch demjenigen Menschen, der einstweilen noch umherirrt und unentschlossen ist, darf man wohl sagen ›Überlaß dich dem Schicksal!‹.«

Einer fragte: »Das Herz hat weder Form noch Farbe, weder Klang noch Duft, sein wundersames Walten ist göttlicher Art und unauslotbar. Wodurch also kann man das Herz üben?«

Er gab zur Antwort: »Dem Herzen kann man

mit Worten nicht beikommen. Man kann lediglich einen Überschuß oder einen Mangel in der Bewegung der sieben Leidenschaften[11] oder in der Erkenntnis des Bewußtseins im Bereich seines Reagierens regulieren, die wirre Bewegung selbstsüchtiger Gedanken meiden und sich dazu bringen, den himmlischen Gesetzen der eigenen Natur zu folgen. Wie man das bewerkstelligt, hängt von den Erkenntnissen des intuitiven Wissens (*ryōchi no hakken*) ab. Was bezeichnet man nun mit intuitivem Wissen? Wenn die Klarheit des Herzens Recht und Unrecht, Richtig und Falsch erhellt und Himmel und Erde und die Gottheiten wundersam durchdringt, das nennt man Wissen (*chi*). Der gewöhnliche Mensch aber wird zugedeckt von den wirren Bewegungen des trüben Fluidums, seine Erhellung ist nur mangelhaft. Und was er so durch einen schmalen Spalt in geringem Umfange ausfindig macht, das bezeichnet man als intuitives Wissen (*ryōchi*). Mit ganzer Seele um das Rechte zu wissen, das Unrecht zu erkennen, sich der Wahrhaftigkeit anderer bewußt zu werden und, tut man selbst etwas Böses, im Innern ein Unbehagen zu verspüren – das ist es! Wenn die Gefühle bewegt sind, erwächst ein empfindsames und mitleidiges Herz. Man liebt seine Eltern und trägt Sorge für seine Kinder und ist freundlich zu seinen Geschwistern und kann nicht damit aufhören: das nennt man Gewissen. Wenn man zu seinem intuitiven Wissen Vertrauen hat und ihm folgt, wenn man sein Gewissen pflegt und ihm nicht durch selbstsüchtige Gedanken Schaden zufügt, dann dürften sich die wirren Bewegungen des trüben Fluidums ganz von selbst beruhigen, und es dürfte einzig die Klarheit des Himmlischen Prinzips in Erscheinung treten. Selbstsüchtige Gedanken entspringen einem Herzen, das nur auf Vorteil bedacht ist. Wenn dieses Streben nach Vorteil zur Hauptsache wird, nimmt man keine Rücksicht mehr darauf, ob man nicht anderen Menschen damit Schaden zufügt. Schließlich kommt es dahin, daß man Schandtaten begeht, sich dem Laster ergibt und sich selbst zugrunde richtet. Das Herz zu üben und das Fluidum zu üben, sind nicht zwei verschiedene Dinge. Deshalb sagt Meng-tzu in seinem Diskurs über die Pflege eines lebensvoll-kräftigen Fluidums, daß man nicht eines besonderen Mittels zur Pflege des Fluidums bedürfe, wenn man nur den festen Willen dazu hat.«

Einer fragte: »Wie kommt es, daß die Buddhisten das Bewußtsein als etwas Übles abtun?«

Er antwortete: »Ich kenne nicht die Praktiken der Buddha-Lehre. Das Bewußtsein ist im Grunde eine Funktion des Wissens *(chi)*, man darf es nicht zu etwas Schlechtem stempeln.

Schlecht ist es nur, wenn es die Leidenschaften unterstützt, sich aus seinem ursprünglichen Zusammenhang löst und sich selbst zur Hauptsache macht. Das Bewußtsein gleicht dem gemeinen Soldaten: wenn der Heerführer nicht Herr der Lage ist, wenn er unfähig und schwach ist und keine Autorität besitzt, dann führen die Soldaten nicht seine Befehle aus, sondern schieben sich selbst in den Vordergrund, verfolgen ihre eigenen Pläne, mühen sich nach eigenem Gutdünken ab, und so stören sie die Harmonie im Feldlager; durch ihre undisziplinierte Bewegung gerät die Schlachtordnung ins Wanken, und schließlich folgt das Unheil einer Niederlage. Ist es soweit gekommen, hat der Heerführer keine Möglichkeit mehr einzugreifen. Seit alters her gilt das Wort, daß noch niemand eine in Aufruhr geratene Armee wieder habe zur Räson bringen können. Wenn das Bewußtsein sich selbst zur Hauptsache macht, wenn es Gefühle und Begierden unterstützt und in wirrer Bewegung ist, dann mag man zwar selber wissen, daß das nicht richtig ist, aber man wird es schwerlich regulieren können. Doch das bedeutet nicht, daß das Bewußtsein an sich Schuld hat. Wenn der Heerführer klug und tapfer ist und seine Befehle und Erlasse klar sind, dann achten die Soldaten die Befehle des Heerführers und handeln nicht nach eigenem Gutdünken. Sie leisten seinen Anordnungen Folge und schlagen den Feind mit Sicherheit; die Schlachtordnung bleibt geschlossen, und der Feind kann nichts dagegen ausrichten. Und weil er so die Bemühungen der Soldaten in richtige Bahnen lenkt, erwirbt sich der Heerführer große Verdienste. So folgt auch das Bewußtsein der Klarheit des Herzens, der Verstand müht sich, indem er den Himmlischen Gesetzen der eigenen Natur folgt, und weil das Bewußtsein nicht so selbstsüchtig ist, sich zur Hauptsache zu machen, läßt es das Wissen wirksam werden und ist eine Hilfe bei der Regierung des Staates. Warum also sollte man das Bewußtsein als etwas Übles abtun? Wenn der Heilige sagt: ›Kein Bewußtsein haben!‹, so meint er damit: wenn sich das Bewußtsein nicht zur Hauptsache macht, dann folgt der Verstand vollständig den Himmlischen Gesetzen der eigenen Natur und weist keine Spur eines Bewußtseins auf. Und deshalb sagt er: ›Kein Bewußtsein haben!‹«

Einer fragte: »Hat es seit altes her auch in China eine Tradition der Schwertkunst gegeben?«

Er sprach darauf: »Bisher habe ich noch keine ihrer Schriften zu Gesicht bekommen. Doch läßt sich erkennen, daß man in Japan wie in China in alter Zeit besonderen Wert auf Kraft und Lebhaftigkeit des Fluidums legte, keine Rücksicht nahm auf Leben und Tod und nach Kräften miteinander kämpfte. Wenn man bei Chuang-tzu im Kapitel ›Freude am Schwertfechten‹ *(Yüeh Chien)* und anderswo nachliest, so tritt es überall in Erscheinung. Im Kapitel *T'a Sheng* gibt es in der Tat einen Diskurs über die Aufzucht eines Kampfhahns. Das dort Gesagte deckt sich vollkommen mit dem Kern der Schwertkunst. Doch speziell über die Schwertkunst hat sich Chuang-tzu nicht geäußert. Das hat er lediglich über Reife und Unreife in der Pflege des Fluidums getan. Im Prinzip ist das nicht zweierlei. Eines Erleuchteten Worte haben Gültigkeit für alle Dinge dieser Welt. Wer sein Herz daran heftet, für den werden alle Dinge Wissenschaft oder Schwertkunst sein. Wenn man Japans Schriften zur alten Schwertkunst anschaut, so gibt es da nirgendwo Diskurse über die höheren Werte der Schwertkunst. Es wird deutlich, daß man sich in der Kunst eines leichten und schnellen Handelns geübt hat. Häufig stellen sie die Tengu als Ahnherrn dieser Kunst hin. Denkt man darüber nach, so war den Schwertmeistern allen eine angeborene Kühnheit zu eigen, und es gab nichts darüber zu reden. Sie übten lediglich ihre Kunst und übten ihr Fluidum und pflegten darin ihre angeborene Kühnheit, so scheint es. Aus diesem Grunde gab es nichts zu erörtern. Obwohl unser Zeitalter so gelehrt geworden ist und man schon von Beginn des Studiums an das Prinzip des Geheimnisses der Schwertkunst erörtert, hat man es gleichsam nur von den Alten in Verwahrung bekommen, in Wirklichkeit reicht man nicht entfernt an die Alten heran. Und in der Wissenschaft ist es genauso!«

Einer fragte: »Die Schwertkunst ist das wundersame Walten des Herzens. Warum aber tut man so geheimnisvoll damit?«

Er erwiderte: »Das Prinzip ist das Prinzip von Himmel und Erde. Warum sollte es also niemanden unter dem Himmel geben, der das weiß, was ich weiß? Wenn man geheimnisvoll damit tut, so geschieht das für den Anfänger. Wenn man nicht geheimnisvoll damit tut, hat der Anfänger kein Vertrauen. Es ist dies lediglich ein pädagogischer Kunstgriff. Deshalb ist alle Geheimnistuerei nicht wesentlich, ist nicht der Kern der Sache. Der Anfänger besitzt keinerlei Unterscheidungsvermögen, er nimmt blindlings auf, versteht falsch und hält es natürlicherweise für das Rechte; wenn er es so an andere weitergibt, dann ist das wiederum gefährlich. Deshalb, so scheint es, lehrt man ihn nur Dinge, die er auch begreifen kann. Ist einer zum Kern der Sache vorgedrungen, dann teilt man ihm, auch wenn er gar nicht zur eigenen Schule gehört, alles ausführlich mit und verbirgt ihm nichts. Geheimnisvoll zu tun, ist häufig auch ein strategischer Kunstgriff. Einen Unerfahrenen zu lehren, indem man ihm manche Dinge verheimlicht, dürfte ebenfalls eine Kunst sein, die ihm zu der unerschrockenen Haltung verhilft, einst den Sieg davonzutragen. Man mag es nicht, daß es jemand von außen betrachtet, den Sinn nicht versteht, es für oberflächlich hält und wild drauflos kritisiert; auch deshalb muß es ein Verbergen geben! Man sollte es nicht in Bausch und Bogen verreden! Obwohl es bei allen Dingen kein Verbergen auf dem richtigen Wege mehr gibt, kann es, plaudert man etwas aus, Nachteile haben; so mag es also bei einer Sache, je nach ihrer Art, auch Geheimnisse geben. Zwischen den Angelegenheiten der Schwertkunst und den weltlichen Dingen besteht im Prinzip kein Unterschied. In Angelegenheiten der Schwertkunst befaßt man sich mit dem Herzen, man lernt genau unterscheiden, was daran recht und unrecht, was echt und was falsch ist. Dies erprobt man dann im täglichen Umgang, und wenn man es glücklich so weit gebracht hat, daß das Unrechte nicht mehr über das Rechte siegen kann, dann dürfte schon allein das ein großer Gewinn sein!

Es kommt darauf an, daß das Herz klar und unbehindert ist. Es kommt darauf an, daß das Fluidum stark und unverbogen ist. Herz und Fluidum sind im Grunde eine Einheit. Um es deutlicher zu machen: sie sind wie Flamme und Feuerholz. An der Flamme selbst liegt es nicht, ob sie groß oder klein ist, sondern wenn das Brennholz nicht ausreicht, dann ist es mit der Kraft der Flamme nicht weit her, und wenn das Holz feucht ist, leuchtet die Flamme nicht hell. Alle Funktionen des menschlichen Leibes werden durch das Fluidum hervorgerufen. Deshalb wird ein Mensch mit starkem Fluidum nicht krank. Wind und Kälte, Hitze und Nässe machen ihm nichts aus. Einer mit schwachem Fluidum jedoch ist anfällig und empfänglich für böse Einflüsse. Wenn das Fluidum krank ist, leidet das Herz Pein, und der Körper siecht dahin. In einem medizinischen Werke heißt es: ›Die hundert Krankheiten entspringen alle dem Fluidum.‹ Wer nicht um die Wandlungen des Fluidums weiß, der weiß auch nicht, wo die Krankheiten herkommen. Deshalb ist es für den Menschen von grundlegender Wichtigkeit, sich ein starkes und lebhaftes Fluidum heranzubilden. Die Heranbildung des Fluidums hat ihren Weg. Wenn das Herz nicht klar ist, kommt das Fluidum vom Wege ab und gerät willkürlich in Bewegung. Wenn das Fluidum in wirrer Bewegung ist, verliert es seine Herrschaft über Stärke und Entschiedenheit und hindert durch oberflächliches Wissen die Klarheit des Herzens. Und wenn das Herz dunkel und das Fluidum willkürlich in Bewegung ist, dann mag das Fluidum seines Blutes zwar üppig sein, der Mensch wird in seinen Angelegenheiten trotzdem nicht frei sein. Das Fluidum des Blutes ist kurzlebig und ohne Wurzel, und was es durch seine Bewegung bewirkt, ist nichtig. All diese Dinge kann man an der Schwertkunst nachprüfen und erkennen. Deshalb muß der Anfänger zunächst seine menschlichen Verpflichtungen wie kindliche Pietät und Geschwisterliebe erfüllen und sich von den menschlichen Begierden lösen. Wenn die menschlichen Begierden nicht mehr willkürlich in Bewegung sind, dann ist das Fluidum gesammelt und unbehindert. Es ist stark und entschieden und unterstützt wirksam die Klarheit des Herzens. Wenn das Fluidum nicht stark ist, ist man den Dingen gegenüber unentschieden. Aus der Unentschiedenheit heraus nimmt man Zuflucht zum oberflächlichen Wissen und verhindert die Klarheit des Herzens. Das nennt man ›in die Irre gehen‹. In der Schwertkunst ist es genauso. Daß der Geist ruhig ist und das Fluidum in Harmonie, daß die Reaktionen spontan sind und die Technik in Natürlichkeit ausgeübt wird, das macht ihren Kern aus. Doch wer nicht gleich zu Anfang ein starkes und lebhaftes Fluidum entwickelt, alles oberflächliche Wissen beiseite fegt und den Gegner unter seine Füße tritt, wer nicht das unbändige Temperament besitzt, selbst eine Wand aus Eisen einzuschlagen, dem wird es nicht gelingen, zu reifen und zum Kern des spontanen Handelns und der Natürlichkeit vorzudringen. Was er für spontan hält, ist Hohlheit, was er für Ausgeglichenheit hält, ist

Trägheit. Doch das ist nicht nur bei der Schwertkunst so. Ob es sich nun um die Kunst des Bogenschießens, des Reitens oder um jede beliebige andere Kunst handelt, hat man nicht zuerst einen unbeugsamen Willen und entwickelt ein starkes und lebhaftes Fluidum, dann wird nichts daraus. Das Fluidum ist ursprünglich stark und lebhaft und der Ursprung des Lebens. Die Menschen allein vernachlässigen seine Pflege. Und weil sie ihm durch oberflächliches Wissen Schaden zufügen, wird es ängstlich und schwach und erfüllt nicht seine Funktion. Mit allen Dingen in dieser Welt ist es so. Wie ich vorhin schon erörtert habe, bestimmt das Fluidum über das Herz die Funktionen des ganzen Leibes. Das sollte man am eigenen Leibe nachprüfen und erkennen. Liest man nur darüber und hört andere Leute darüber reden und erprobt es nicht am eigenen Leibe, dann wird das Prinzip zur bloßen Theorie und tritt nicht am Leibe in Funktion. So etwas nennt man ›Wissenschaft grauer Theorie‹. In der Wissenschaft, in den Künsten und in allen Dingen ist es so: wenn man von ihrem Prinzip hört, dann all das Gehörte am eigenen Leibe nachprüft und im Herzen erkennt, erst dann erlangt man ein sicheres Wissen darüber, was an den Dingen richtig und falsch, was leicht und was schwierig ist. Das nennt man Üben.«

IV

Einer fragte: »In der Speerkunst gibt es Überlieferungen für den geraden Speer, den Speer mit kreuzförmigem Blatt, den Speer mit hakenförmigem Blatt, den Speer, der in einer Röhre steckt und andere mehr. Welcher ist nun am vorteilhaftesten?«

Er antwortete: »Was für eine dumme Frage! Es ist der Speer, mit dem man zusticht. Doch was einem zur Freiheit im Stechen verhilft, das ist das eigene Ich und nicht die Waffe. Ob man nun eine Sichel anbringt, den Schaft mit einem Haken versieht oder den Speer in eine Röhre steckt und so benutzt – auf der Erfahrung Früherer fußend, bemüht man sich, alle jeweiligen Vorteile auszunutzen, alle Anwendungsmöglichkeiten einer jeden Waffe perfekt zu beherrschen und so in ihrer Anwendung zur Freiheit zu gelangen. Wer nun die jeweiligen Schulprinzipien studiert, der wird, weil er von Anfang an mit der speziellen Waffe geübt hat, mit dieser seiner gewohnten Waffe vorteilhafter umgehen können als mit einer anderen. Doch wenn er fortschreitet und schließlich zu sich selber findet, dann wird ihm auch ein Knüttel in der Hand zum Speer werden. Mögen von nun an Schulen auch ihre Schüler versammeln und ihnen beibringen, daß man bei Speeren mit querstehendem Blatt auf diese Weise vorgehen müsse, um zu siegen, und daß man beim geraden Speer oder beim Speer in der Röhre auf jene Weise sein Ziel erreiche, und daß man beim Speer mit sichelförmigem Blatt sich so und so verhalten müsse, um den Sieg zu erringen – ich jedenfalls lehre meine Schüler, einer anderen Waffe gerecht zu werden, ich erkläre ihnen nichts weiter als die Vorteile der Waffe ihres eigenen Ich. Denn wenn sie die nicht beherrschen, ist es nutzlos, daß sie die Waffe ihrer jeweiligen Schulmethode in der Hand führen. Wenn man das als das Wesentliche ansieht, und an nichts anderes denkt, als daß der Speer mit kreuzförmigem Blatt etwas ist, was eindringend unbrauchbar wird, und daß der Speer mit sichelförmigem Blatt etwas ist, was den Schaft des Geraden festhält, so dürfte das im hohen Maße ein Irrtum sein! Trotzdem muß man zunächst in erster Linie darin lernend reifen. Das steht darüber! Wenn man es mißversteht, verfällt man in die Irrtümer des Anfängers. Für solche aber, die in die Anfangsgründe nicht mehr eingeführt zu werden brauchen, beschreibe ich jetzt kurz die Kunst, wie man sein Fluidum sammelt. Das ist etwas, was man sogar Kindern begreiflich machen kann!

Man liegt zuerst flach auf dem Rücken und lockert seine Schultern, entspannt Brust und Schultern nach rechts und links, Arme und Beine streckt man bequem aus, die Hände legt man auf die freie Stelle neben dem Nabel, entspannt sich ganz und vergißt alle Gedanken, das Herz wird durch nichts mehr abgelenkt, die Verkrampfung des Fluidums wird gelöst, man zieht es zu sich nieder, läßt es den ganzen Leib erfüllen, und zwar so, daß es bis in die Fingerspitzen hinein sich ausdehnt, und zählt, wie bei der Atemzähl-Meditation der Zen-Mönche, seine Atemzüge beim Ein- und Ausatmen. Dabei ist das Ein- und Ausatmen anfangs heftig. Wenn nach einer Weile das Ein- und Ausatmen ruhig wird, dann ist das Fluidum belebt, und es wird sein, als ob es Himmel und Erde erfüllen wollte. Es ist kein Anhalten des Atems, kein Anspannen des Fluidums; es ist eine Belebung des Fluidums, indem man es das Innere anfüllen läßt. Wer zu dieser Zeit unter krampfartigen Spannungen leidet, der wird sich gewiß zwischen Brust- und Bauchgegend, dem Sitz dieser Krankheit, zerschlagen und unwohl fühlen. Das ist die Bewegung des gespannten und verhärteten Fluidums aus dem Wunsch heraus, zur Harmonie zu kommen. Es grollt im Bauche. Zu diesem Zeitpunkt kommt es häufig vor, daß man über das üble Gefühl im Bauch erschrickt und mit der Übung aufhört. Dann läßt sich kein neues Entspannen und Anfüllen des Fluidums wie zu Anfang erzielen, und man muß den Bauch sanft drücken und reiben. Durch zu starkes Kneten reizt man das sich bewegende schlechte Fluidum und findet erst recht keine Ruhe. Wenn besonders heftige Attacken erfolgen, ist es außergewöhnlich. Im allgemeinen ist es so, daß, wenn man seine Hand längere Zeit an eine beliebige Stelle auf den Leib legt, sich das Fluidum an dieser Stelle sammelt. Deshalb ist es üblich, die Hand nicht auf die Stelle zu legen, wo es schon ist, sondern dorthin, wo es noch nicht ist. Wer Krankheiten hat, die im Rücken sitzen, der wird sich da ganz gewiß zerschlagen fühlen. Man muß sich dann nur so verhalten, daß das Fluidum nicht stockt. Es ist dabei die Praktik, daß man Brust und Schultern entspannt. Wenn man sie entspannt, indem man beide Schultern von sich streckt, dehnt sich das Fluidum aus. Dies ist die Kunst, mit Hilfe des Körpers das Fluidum zu entspannen. Wenn das Fluidum stockt, dann stockt auch das Herz, und wenn das Herz verkrampft ist, ist auch das Fluidum verkrampft; Herz und Fluidum bilden eine Einheit. Diese Übung bezweckt in erster Linie, die Stauungen des Fluidums zu lösen, und ist ein Mittel, seine Unebenheiten auszugleichen. Um ein Beispiel zu gebrauchen: Es ist so, als ob man ein Gewimmel von Ameisen, das den ganzen Körper bedeckt, von sich abstreift, den Leib reinigt und darauf neue Kleider anzieht und an einem schönen Orte weilt. Im Shintō gibt es die sogenannte Innere Reinheit und Äußere Reinheit. Innere Reinheit bedeutet, daß man sein Herz reinigt und vom Schmutz selbstsüchtiger Gedanken und zügelloser Phantasien befreit, zu seinem wahren Wesen der Begierdelosigkeit und der Ichlosigkeit zurückkehrt und seine ursprüngliche angeborene himmlische Natur pflegt. Äußere Reinheit bedeutet, daß man seinen Körper sauberhält, die Kleidung und Wohnung in Ordnung bringt, sein Fluidum in die rechten Bahnen lenkt und, indem man verhindert, daß das schlechte Fluidum des Äußeren ins Innere dringt, die Innere Reinheit unterstützt. Außen und Innen sind im Grunde ein Einziges. Ohne die Innere Reinheit gibt es keine Äußere Reinheit. Herz und Fluidum sind im Grunde eine Einheit. Indem das Fluidum den Körper durchpulst, läßt es das Herz in Funktion treten. Das Herz ist seine Seele. Weil es keine Form hat, ist es besagtem Fluidum übergeordnet. Wenn man das Fluidum übt, wird das Herz von selbst friedlich, doch wenn das Fluidum willkürlich in Bewegung ist, verursacht es dem Herzen Pein. Ein Beispiel: Wenn das Schiff ruhig dahingleitet, sind die Passagiere ruhig, doch wenn die Wogen sich türmen und das Schiff in Gefahr gerät, sind sie unruhig. Was man schon zu Beginn des Studiums unternehmen muß, das ist, zunächst die Stauungen des Fluidums zu lösen und so das Herz zu beruhigen, das Fluidum zu beleben und so das Herz freizumachen. Das ist eine Übung, liegend das verstörte und aufgewühlte Fluidum zu sammeln, das unausgeglichene Fluidum zu lösen und friedlich zu machen. Wenn man es so fünf bis sieben oder zehn bis zwanzig Tage lang übt, wird man spontan ein Gefühl der Beglückung empfinden. Aus dem Glücksgefühl heraus wird man diese Kunst immer intensiver betreiben. Ist das Fluidum gesammelt, belebt man es dadurch unweigerlich. Es läßt sich nicht mehr durch träges Fluidum irreleiten. Weil das Fluidum den ganzen Körper erfüllt, so belebt man, wenn man das Herz etwas belebt, auch das Fluidum. Erhebt man sich nun mittags, nimmt man eine angemessene Haltung an, belebt das Fluidum läßt es den ganzen Leib erfüllen; wie beim Niō-Zazen der Shōzan-Schule sollte man eine Weile sitzenbleiben und sein Fluidum sammeln. Aber es ist dazu nicht unbedingt nötig, Weihrauch zu entzünden, eine feste Zeit einzuhalten oder in Meditationshaltung zu sitzen. Indem man wie immer sitzt, nimmt man eine angemessene Haltung an und belebt das Fluidum, weiter nichts. Weil man es immer nur eine kurze Zeit tut, kann man es an einem Tage mehrmals in Stunden der Muße tun. Durch dieses Verhalten kräftigt man seine Konstitution, das Blut strömt frei und ohne Stauungen, das Fluidum ist allgegenwärtig, und Krankheiten entstehen von sich aus nicht. Doch wenn man keine angemessene Haltung einnimmt, ist das Fluidum unausgeglichen. Dasselbe gilt für die Übung im Stehen. Ob man nun einem Menschen gegenübersitzt, ob man mit einer Sache konfrontiert ist oder wiederum einer Beschäftigung nachgeht, es gilt das gleiche. Entspannt man Brust und Schultern, ist das Fluidum ausgeglichen und frei von Stauungen, und man muß sein Herz darauf richten, daß es den ganzen Leib bis in die Fingerspitzen hinein erfüllt. Auch wenn man singt und seine Stimme erschallen läßt, seinen Reis ißt oder seinen Tee trinkt oder eine Straße entlanggeht, richte man beständig sein Herz darauf, sich so zu verhalten; dann wird es später zu einem Dauerzustand, und man belebt in ganz natürlicher Weise das Fluidum. Und wenn es gleichsam zu einem Dauerzustand geworden ist, dann erfolgt die Reaktion auf unerwartete Zwischenfälle auch rasch. Wenn man träge ist, stirbt das Fluidum ab und wird seiner Funktion nur langsam gerecht. Gleichmut und Nachlässigkeit sind einander zwar ähnlich, aber dennoch verschiedene Dinge. Das wird man selber herausfinden. Mag man auch ein blutjunger, ungebildeter Anfänger sein, wenn man sein Herz darauf richtet, kostet es keine Anstrengung und läßt sich leicht bewerkstelligen. Selbst für die Ringelspiele der Kinder, die Teezeremonie, das Fußballspiel, selbst für alle die kleinen Künste bis hin zum Tanz usw. gilt: wenn das Fluidum unausgeglichen und nicht lebhaft ist, dann entbehren Ruhe und Bewegung der Form, der Fluß der Bewegungen von Händen und Füßen der Schönheit, die Reaktion ist gehemmt. Wird die Trägheit des Fluidums zu einem Dauerzustand, gibt es auch keinerlei Herz. Wenn man nur in dem Augenblick, da man die Waffe in die Hand nimmt, sich plötzlich daran erinnert und üben will, kann man zwar sein Fluidum erneuern und durch die Form das Herz packen, doch weil man bei diesem Vorgehen ganz bewußt handelt, ist das Fluidum unstet und schwankend und kann seiner Funktion gegenüber Unerwartetem schwerlich gerecht werden. Doch wenn man beständig sein Herz gebraucht und übt, dann wird man auch im akuten Fall einer Situation spontan gerecht. Man muß nur sein Fluidum beständig lebhaft erhalten und darf es nicht in Trägheit verfallen lassen. Träges Fluidum ist totes Fluidum, und dem toten Fluidum fehlt seine immaterielle Komponente. Deshalb erfüllt es nicht nur seine Funktion nicht, es bewirkt auch häufig, daß man vor den Dingen zurückschreckt und sich fürchtet. Doch wenn das Fluidum den ganzen Leib erfüllt und mit dem Herzen eine lebendige Einheit bildet, dann gibt es kein Erschrecken, gibt es keine Furcht, und man wird auch einem plötzlichen

Wechsel der Situation mit Leichtigkeit gerecht. Doch ein unstetes Fluidum ist wurzellos, es ist nicht lebendig. Ähnlich ist es zwar, aber doch anders.

In alter Zeit belehrte ein Zen-Mönch einen Knaben und sprach: »Wenn du an einem Ort vorbeigehst, vor dem du dich fürchtest, so mußt du vorübergehen, indem du den Bauch anspannst, dann wird die Furcht vergehen.« Das ist ein guter Kunstgriff. Wenn man den Bauch anspannt, zieht man dadurch das Fluidum herab und sammelt es im unteren Teil des Körpers, und nach kurzer Zeit erfüllt es das ganze Innere und wird stark. Schrecken und Furcht entstehen, weil das Fluidum unten fehlt und sich in den oberen Körperzonen befindet.

Wenn man Schreitende betrachtet, so gehen gewöhnliche Leute häufig, weil sie ihren Schwerpunkt nach oben verlegen, indem sie mit dem Kopf das Gleichgewicht halten, oder sie reiben ihre Gliedmaßen aneinander. Beim richtig Schreitenden gibt es oberhalb der Hüfte keine Bewegung; weil er mit den Beinen geht, ist sein Körper ruhig, er reibt seine Eingeweide nicht aneinander, der Körper ermüdet nicht. Man kann das erkennen, wenn man den Gang eines Sänftenträgers beobachtet. Wenn bei einem, der mit einem Schwert oder einem Speer daherkommt, das Fluidum trübe und unausgewogen ist, gelingt es ihm nicht, mit seinen Beinen zu gehen. Wenn man den Bewegungen seines Kopfes folgend seine Gliedmaßen aneinander reibt, fügt man seinem Körper Schaden zu. Das Fluidum ist in Bewegung, und das Herz ist nicht ruhig. Faßt man ein Schwert, so liegt die Rechte voran, faßt man einen Speer, dann die Linke. Beim Stehen verharrt man, indem man den Fuß, mit dem man den ersten Schritt tut, lebendig hält. In allen Dingen sollte man sich beständig üben. Mag man eine Straße entlanggehen, sitzen, schlafen oder mit jemandem zusammen sein, man muß sich darum mühen. Beobachtet man die Fußbewegungen der Sarugaku-Tänzer, so krümmen sie alle ihre Zehen, halten dadurch den Fuß, mit dem sie den nächsten Schritt tun wollen, lebendig und gehen, indem sie zuerst mit der Ferse auftreten. Dies ist mehr als eine modische Eigentümlichkeit ihres Standes. Indem sie den Fuß, mit dem sie den nächsten Schritt tun wollen, lebendig halten, sind sie frei im Gebrauch ihrer Füße. So strömt das Fluidum in das Ich zurück und wird nicht vom Gegenüber abgelenkt. Mit den Körper- und Fußbewegungen eines Fußballspielers ist es genauso. Wenn ein guter Sarugaku-Tänzer von hinten die Bühne betritt, stolpert und fällt er nicht. Das kommt daher, daß sein Fluidum lebhaft ist und den ganzen Leib erfüllt, er unten gesammelt und schwer, oben leicht und in seiner Bewegung ausgeglichen ist und seine Stimme, von unterhalb des Nabels her atmend, ertönen läßt. Wenn ein schlechter Tänzer die Bühne betritt, stolpert und fällt er selbst über ein geringfügiges Hindernis. Das kommt daher, daß er – unten ist er leicht und ungefestigt, sein Fluidum unausgeglichen und nicht lebendig – von oberhalb der Brust atmet, sein Schwerpunkt oben liegt und unten nichts ist. Wenn ein guter Sänger seine Stimme zum Ton *ryo* abfallen läßt, schwillt sein Bauch unterhalb des Nabels gewaltig an. All diese Dinge kann man, indem man sich beständig prüft, erkennen. Wer also beim Schreiten unten leicht ist und seinen Schwerpunkt nach oben legt, der ermüdet schnell. Das gilt nicht nur für die hier angeführten Beispiele; wenn man auf alles, was Ohren und Augen aufnehmen, sein Herz richtet und es prüft, dann wird man finden, daß man sich um alle Dinge zwischen Himmel und Erde bemühen muß. Man kann niemals sagen, daß die Welt einen nichts mehr zu lehren habe. Denn immer gibt es etwas, was einem überlegen ist, und danach strebt man. Daß es in allen Bereichen keinerlei Überlegenheit mehr gibt, nach der man streben könnte, das wird der Mensch nicht erreichen. In einem strategischen Werk heißt es: ›Wenn man seinen Herrn auf einem Gange begleitet, soll man sein Herz auf den Überfluß an Segen richten, den die Erde an Bergen und Flüssen vorn und hinten, rechts und links bietet‹. Ein berühmter Heerführer des Altertums betrachtete die Arbeit der Bauern und Landleute und heftete sein Herz daran, und es gibt viele, die es darin wie in irgendeiner Kunst zu hoher Vollendung beachten. Man darf sich nicht auf das Strategische beschränken! Wenn man sein Herz beständig auf alle Dinge dieser Welt richtet, wird man ihres Überflusses vielfach teilhaftig werden. Wer aber töricht und hohl ist, der ist so gut wie tot. Die

Dinge bieten sich ihm dar, aber er greift nicht danach.«

Einer fragte: »Strategie ist die Kunst, Menschen planvoll hinters Licht zu führen. Auf diesem Wege sich zu vervollkommnen, heißt das nicht, unser oberflächliches Wissen zu fördern und dem Herzen Schaden zuzufügen?«

Er sprach: »Wenn der Edle sich ihrer bedient, ist sie ein Mittel, dem Reiche den Frieden zu sichern. Wenn der gemeine Mensch sich ihrer bedient, fügt er sich damit Schaden zu, und sie dürfte zu einem Mittel werden, anderen Leid zuzufügen. Doch das ist bei allen Dingen so. Wenn man seinen Willen vor allem anderen auf den Weg richtet und sich nicht durch ein Selbst-verhaftetes Herz beirren läßt, dann mag man sogar die Kunst der Diebe und Räuber erlernen, und sie wird einem bei der Abwehr von Dieben und Räubern von Nutzen sein, ohne daß das Wollen Schaden erleidet. Wenn aber der Wille Gefühle, Begierde, Profit und Übeltaten in den Mittelpunkt stellt, und man unter diesen Vorzeichen sein Studium betreibt, dann werden selbst die Bücher der Heiligen und Weisen der Förderung des oberflächlichen Wissens dienen. Deshalb muß man in erster Linie den Willen zum rechten Wege aufweisen und dann, ohne sich davon abbringen zu lassen, alle Dinge dieser Welt in sein Studium aufnehmen.

Wenn man, ohne sich selbst dem rechten Weg unterzuordnen, die strategischen Künste studierte, würde man sich an den Worten Ruhm und Profit erfreuen, das Herz würde durch sie bewegt, und man würde, oberflächlichem Wissen entsprungene Kniffe in den Vordergrund rückend, unweigerlich den Fehler begehen, dies für den Weg des Kriegers zu halten. Wer die Schwertkunst studiert und es darin zur Reife gebracht hat, sie dann aber dazu benutzt, ein erfolgreicher Straßenräuber zu werden und das für den Weg eines Helden hält, der wird sich durch die Kunst Schaden am Leibe zuziehen. Doch das ist nicht die Schuld der Kunst, verantwortlich dafür ist der falsche Wille. Benkei und Kumasaka waren ebenbürtig als Meister der Schwertkunst, sie waren gleichermaßen mit Verstand und Kühnheit ausgestattete bärenstarke Männer. Benkei benutzte diese Gaben, um treu für seinen Herrn zu kämpfen, während Kumasaka sie dazu benutzte, seinen Räubereien nachzugehen. Deshalb macht nicht irgend ein Plan den Weg des Kriegers aus. Daß er einen solchen dazu benutzt und seine Treue in der Schlacht erweist, das macht den Weg des Kriegers aus. Daß Benkei an der Grenzstation von Ataka in der Provinz Kaga seinen Herrn Yoshitsune mit dem Stock schlug, war an sich nicht loyal[12]. Daß er damit seinem Herrn aus der Klemme half, das war loyal. Man beurteilt es nach den Folgen, es nach der Handlung zu beurteilen, ist Torheit. Strategie ist die Kunst, eine Anzahl Soldaten aufzustellen und seine Vorbereitungen zu treffen, den Feind nicht das eigene Lager vernichten zu lassen, sondern Überraschungstruppen zu verwenden und durch kluge Planung den Feind zu vernichten. Wer durch Böses zum Feind des Guten wird, ist ein Bandit. Kann man es sich aber leisten, keine Vorbereitungen zu treffen, ohne Plan vorzugehen, vernunftwidrig zu kämpfen, auf die Pläne des Feindes hereinzufallen und um eines Banditen willen die eigenen loyalen Soldaten bluten zu lassen? Wenn ich die Kunst des Planens beherrsche, dann treffe ich zuerst meine Vorbereitungen und falle nicht auf die Pläne des Feindes herein. Doch wenn ich diese Kunst nicht beherrsche, falle ich dem Feind zum Opfer. Wie könnte man also ohne sie auskommen? Was das Planen angeht, so ist bei dieser Kunst zwar zweierlei zu berücksichtigen, aber sie ist nur erfolgreich, wenn sie letzthin der Menschlichkeit nicht zuwiderläuft. Ein Plan, der der Menschlichkeit zuwiderläuft, bleibt unwirksam, mag er auch noch so kunstvoll erdacht sein. Ein Arzt mag noch so oft seine Bücher lesen und seine Heilmethoden kennen, weiß er nicht um die eigentliche Ursache der Krankheit und verabreicht auf gut Glück seine Medizin, bewirkt er statt einer Heilung nur andere Krankheiten. Das Wissen des Heerführers besteht darin, um die Menschlichkeit zu wissen. Wenn ein Feldherr nicht glaubwürdig, rechtlich und menschenfreundlich ist, dann weiß er auch um die Menschlichkeit nicht. Wenn keine Menschlichkeit mit im Spiele ist, dann stiftet sein Planen nur Unheil – das lehren Vergangenheit und Gegenwart deutlich genug. Es ist wie bei einem Arzt, der auf gut Glück seine Medizin verabreicht und dadurch nur andere Krankheiten hervorruft. Wenn der Feind heranstürmt, ich mich aber im Einklang mit dem Wege weiß, dann ist die

Menschlichkeit auf meiner Seite gleich einer metallnen Rüstung. Warum also sollte ich mich vor den Plänen des Feindes fürchten? Wenn aber der Feind im Einklang mit dem Wege steht und auf meiner Seite keine Menschlichkeit im Spiele ist, dann bleiben die eigenen Pläne unwirksam. Deshalb ist es unabdingbar, daß der Heerführer Menschlichkeit besitzt. Was der Krieger heute studiert, sind nur die Spuren der strategischen Kunst berühmter Heerführer. Es ist der Bodensatz der Alten. Daran aber mißt man einen Heerführer: aus dem Bodensatz der Alten zu lernen und klare Flüssigkeit herauszupressen. Unter dem Fußvolk mißt man einen Krieger daran, wie er seine Aufgabe erfüllt und dieser Aufgabe angemessen im richtigen Augenblick das Richtige tut. Kompanieführer, Eskorte, Kundschafter, Kuriere, sie alle haben ihre bestimmte Aufgabe. Vorhut, Flügeltruppen, Nachhut und Reservetruppen, alle haben ihre eigenen Gesetze des Verhaltens bei aufgepflanztem Speer, bei gesenktem Speer, beim Rückzug. Wenn man sie nicht genau kennt, kann man ihnen nicht entsprechen. Oder beim Angriff auf eine Burg oder bei der Verteidigung einer Burg, bei der Beschleichung, beim nächtlichen Angriff, beim nächtlichen Eindringen kommt es häufig vor, daß die Truppe durch einen kleinen Fehler völlig vernichtet wird. In einer solchen Lage zu sein, ohne zu wissen, was man zu tun hat, ist gefährlicher, als einen breiten Strom durchqueren zu wollen, ohne schwimmen zu können.«

Einer fragte: »Wenn ich durch einen Plan den Feind täusche, dann kann mich auch der Feind mit Hilfe eines Planes hinters Licht führen. Wie kann es aber angehen, daß ich allein das Wissen besitze und die ganze übrige Welt töricht ist?«

Er antwortete: »In der Tat, wovon du redest, das ist das übliche Kopieren der Alten. Die Go- und Schachspieler haben von alters her ihre festen Züge, und obwohl es den Anschein hat, daß man nichts anderes mehr tun könne, als sich diese gründlich anzueignen, gelingen dem meisterhaften Spieler darüber hinaus doch noch neue Kombinationen. Die festen Züge des Go zu imitieren und die hergebrachten Kombinationen der Schachfiguren zu kopieren, das heißt ein Schema zu erlernen. Doch wenn man das erfaßt hat, entwickelt man daraus andere, neue Methoden und entscheidet dadurch den Kampf. Mit allen Dingen in dieser Welt steht es so, daß sie, gleichen sie auch Kopien, nicht immer solche sind. Und mit der strategischen Planung ist es gleichermaßen. Je nach seiner persönlichen Befähigung trifft der Heerführer, aus der Kenntnis der Schemata der Alten heraus, im rechten Augenblick seine Maßnahmen, und was die Kunst des Einsatzes der Überraschungstruppen angeht, wenn die Zeit dazu reif ist, sprudeln die richtigen Anweisungen nur so aus dem Inneren des Heerführers hervor. Die guten Heerführer des Altertums sahen der Tätigkeit von Fischern, Holzfällern und Bauern zu, griffen sie sofort auf und machten eine neue Kunst daraus; häufig wendeten sie diese auf ihren Feldzügen an. Wenn man beständig sein Herz darauf heftet, wird einem alles, was man sieht und hört, zu einer Hilfe bei der Kunst der Planung. Doch wenn man nicht zuerst die Schemata der Alten kennt, hat das spätere Studium nichts, worauf es sich stützen könnte. In der Wissenschaft ist es genauso; wenn man sich nicht auf das Nachgelassene der Alten stützt, kann man den Weg, der selbst nicht greifbar ist, nicht begreifen. Wenn man unablässig mit seinem Herzen an alle Dinge herangeht, macht man alles, was man sieht und hört, dadurch zur Herzensübung, und man wird sich im akuten Fall ganz der jeweiligen Situation überlassen können. Wenn in einer Schlacht die Übermacht auf der Seite des Feindes ist, ist es schwierig, die Freiheit genauso zu wahren wie in einem Einzelkampf. Es ist erforderlich, beständig über das Nachgelassene der Alten nachzudenken und daraus Gesetze zu entwickeln, die Soldaten gründlich auszubilden und Vorsorge zu treffen, daß die Strategie sich gleichsam frei entfaltet.

Aufgrund der verborgenen Tugend unserer Vorväter mag es uns heute wohl gut gehen, doch wenn man auch nur mit einem Gedanken ein wenig vom rechten Weg abweicht, ergeben sich daraus die verschiedensten Verwirrungen des Herzens, und schließlich geht man ein in die Welt der Tengu, verbraucht die verborgene Tugend der Vorväter, und das Unheil trifft einen schneller, als ein Pfeil fliegt. Fürchtet und hütet euch davor! Zur Welt der Tengu zu gehören heißt, sich mit dem eigenen kleinen Wissen zu brüsten und die Menschen zu verachten, sich an der Verwirrung der Menschen zu erfreuen und dadurch eine Welt von Gut und Böse, Gewinn und Verlust zu schaffen, nicht zu wissen, was es heißt, sich im Nichts zu erfreuen, die Begierden zur Hauptsache zu machen und nicht über sich selbst nachzudenken. Wer sich zu einem bekennt, den erklärt man für gut, und wer sich nicht zu einem bekennt, den erklärt man für böse. Die Vorstellungen der Welt von Gut und Böse läßt man außerhalb des Palisadenzauns der Selbstsucht, man haßt jenes, liebt dieses, man ist erzürnt oder bekümmert, und das Herz ist niemals ruhig. Solches nennt der Buddhist: »Dreimal am Tage heißes Wasser trinken und den ganzen Leib in Brand setzen«. Und aus der Qual dieser Hitze heraus gerät man in die verschiedensten Zustände der Bewegung, tut Übles und fügt den Menschen Schaden zu. Ihr müßt euer Herz wohl üben und euer Fluidum sammeln, die Welt der Dämonen verlassen und in die Welt der Menschen hinausgehen und nach dem Wege trachten. Weil ihr lange Nasen und Schnäbel und Flügel habt, glaubt ihr euch den Menschen überlegen und führt die Törichten an der Nase herum. Eure langen Nasen, spitzen Schnäbel und leichten Schwingen aber sind nur Mittel, das Herz zu peinigen und den Menschen Schaden zuzufügen. Sowohl in der Wissenschaft als auch in der Schwertkunst kommt es nur darauf an, sich selbst zu kennen. Wenn man sich selbst kennt, ist das Innere klar und man nimmt sich bewußt in acht. Deshalb gibt es, wenn man dahin gelangt, auch niemanden, der einem Feind sein könnte.

Selbst wenn man aus unzureichendem Wissen heraus Fehler begeht, ist es dann nicht eigenes Verschulden, sondern liegt in der Hand des Himmels. Wer sich selbst nicht kennt, kennt auch die Menschen nicht. Wer mit Selbst-verhaftetem Herzen einen Menschen täuschen und besiegen will, den trifft der Mensch eben in jener Blöße des Selbstverhafteten Herzens. Wer aus seiner Begierde heraus den Menschen angreift, dessen Begierde setzt der Mensch in Bewegung und trifft eben in die Blöße dieser Bewegung. Wer mit Gewalt den Menschen unterdrückt, den trifft der Mensch da, wo die Gewalt ihre Blöße zeigt. Sowohl in der Wissenschaft als auch in der Schwertkunst ist es ebenso. Nur wer sich selbst gänzlich kennt und frei von Begierden ist, der bietet keine Blöße, an der man ihn treffen könnte. Man kann ihn durch Gewalt nicht brechen und nicht durch Begierde in Bewegung versetzen und nicht durch eine List täuschen. Obwohl ich dies bedacht und mich immer in acht genommen habe, bin ich doch noch nicht frei von niederen Gefühlen. Nur über das »Trinken heißen Wassers« bin ich ein wenig hinausgelangt. Noch immer gehöre ich zu den Tengu. Eines Tages werde ich wohl in die Welt der Menschen hinausgehen und den Weg begreifen. Hier habe ich euch nur ein wenig dargelegt, was ich selbst gehört habe.« So schloß er seine Rede. Gräser und Bäume erzitterten, die Berge erdröhnten und die Täler hallten wider, ein Wind erhob sich und fuhr mir ins Gesicht – ich schlug die Augen auf und begriff, daß alles nur ein Traum gewesen. Was mir als Berg erschienen, war ein Wandschirm. Klopfenden Herzens lag ich in meinem Schlafgemach.

Zum Beschluß:

Ich hatte einen Gast. Der kritisierte dieses Buch und sprach: »Was Ihr da erörtert, macht das Prinzip klar und stellt einen zufrieden, doch indem Ihr über die Wandlungen des Fluidums redet, geht Ihr nicht darauf ein, wie man zu einer angemessenen Technik kommt. Um Alte, Kranke oder Vielbeschäftigte in ihrem Willen zu bestärken, ist es brauchbar. Doch für den, der die Schwertkunst praktiziert, reicht es nicht aus.«

Ich antwortete: »Ich bin kein Schwertkünstler. Wie könnte ich einen Menschen auf diesem Gebiet leiten wollen? Ich habe lediglich von Jugend auf die Schwertkunst geliebt und mit Männern der Schwertkunst vertrauten Umgang gehabt, habe versucht, aus ihrer Technik Vorteil zu ziehen, habe den Wandel meines Fluidums geprüft und seine Schwächen geheilt, habe von ihrem Prinzip gehört und nach der Erleuchtung des Herzens gestrebt. Und wenn ich manchmal in meinem Herzen Übereinstimmung empfand, habe ich es niedergeschrieben und nur aus meiner jugendlichen Torheit heraus offen dargetan. Ich bitte Euch inständig, mein Freund, es meiner jugendlichen Torheit zugute zu halten. Indessen fürchte ich, durch viele Worte die Schmähungen der Fachleute hervorzurufen. Ohne ganz aufzugeben, habe ich es den Tengu in den

Mund gelegt und so als nicht ernstzunehmen ausgewiesen. Wie könnte ich selbst das kleine Bändchen ›Traumgespräche‹ als das Rechte ausgeben!«

ANMERKUNGEN

[1] Tōbu: Provinz Musashi bzw. deren Ostteil. Der Kreis Toshima wurde 1932 Tōkyō eingegliedert.

[2] Kanda Hakuryūshi (auch Hakuryōshi); Daten unbekannt, war ein bekannter Militärwissenschaftler der Tokugawa-Zeit. Von ihm stammen die Werke *Shichisho-rigen-shō*, *Buke-meisū*, *(Wakanbunrui-) Shoke-meisū* u. a.

[3] Zu den philosophischen und psychologischen Begriffen: Es wird hier im allgemeinen versucht, jedem einzelnen japanischen Begriff eine spezifische Übersetzung zu geben. Der Verfasser des *Tengu-geijutsu-ron* verwendet aber – wohl aus stilistischen Gründen – nicht selten verschiedene Worte sich deckenden Inhalts aus dem reichen, aber nicht immer eindeutigen japanischen Vokabular, deren differenzierte Übersetzung oft weder möglich noch nötig erscheint. In solchen Fällen sind diese Begriffe mit demselben deutschen Wort wiedergegeben und, wenn es sich nicht um wesentliche Begriffe handelt, ohne besondere Kennzeichnung nach bestem Wissen und Gewissen in die Übersetzung eingefügt.

[4] *Liu I*, jap. *rikugei*. Nach dem *Chou Li* (zit. *Tz'u-hai* (S. 158) sind dies Zeremoniell, Musik, Bogenschießen, Reiten, Schrift, Mathematik. Als *Liu-i* (oder *liu-ching*) werden aber auch bezeichnet *I-ching*, *Li-chi*, *Yüeh-ching*, *Shih-ching*, *Shu-ching* und *Ch'un-ch'iu*.

[5] Auch Ushiwaka; der Name, den Yoshitsune in jugendlichem Alter führte *(yōmyō, osana-na)*.

[6] *Szu Tuan*, jap. *shitan*, die vier unabdingbaren Grund-Tugenden des Konfuzianismus. Die Einteilung geht auf Menzius zurück und umfaßt *jen* (jap. *nin*) – Menschenliebe-Menschlichkeit; *i* (jap. *gi*) Rechtlichkeit, Rechtschaffenheit; *li* (jap. *rei*) – richtiges Verhalten, Schicklichkeit; *chih* (jap. *chi*) – Weisheit, Wissen.

[7] Jap. *Sangai*, skrt. *trailokya* oder *triloka*.

1. *yokkai* (skrt. *kāmadhātu*); umfaßt die sechs Himmel der Begierden, die Menschenwelt und die Höllen.

2. *shikikai* (skrt. *rūpadhātu*); umfaßt die Welt der Formen.

3. *mushikikai* (skrt. *arūpadhātu*); umfaßt die Welt des reinen Geistes. Vgl. William Edward Soothill, *A Dictionary of Chinese Buddhist Terms*, London 1937, S. 70.

[8] Ein Teich im Stadtteil Saga von Kyōto, berühmt für seine schöne Lage und beliebter Ort für die Mondschau.

[9] Ch'ao Fu, ein Einsiedler unter dem mythischen Kaiser Yao. Als ihm der Thron angeboten wurde, wusch er sich sogleich seine Ohren, um sie von der Befleckung durch diese Versuchung zu reinigen.

[10] Hsü Yu, Einsiedler und Freund des Ch'ao Fu. Auch ihm wurde der Thron angeboten, doch wie Ch'ao Fu wusch er sich seine Ohren und ließ seinen Ochsen nicht an den Bach heran, in dem er die Waschung vollzogen hatte.

[11] Im Buddhismus: Freude, Zorn, Sorge, Vergnügungen, Haß, Liebe, Begierde.

[12] Um jeglichen Verdacht von seinem Herrn Yoshitsune abzulenken, der als Lastträger verkleidet sich auf der Flucht befindet, schlägt Benkei, seinerseits als Wandermönch verkleidet, Yoshitsune mit einem Stock und macht sich so äußerlich des Bruchs der Loyalität schuldig. Zu den Quellen dieses Ereignisses vgl. Helen Craig-McCullough, *Yoshitsune*, S. 57 ff.

ABBILDUNGSVERZEICHNIS

INHALTSVERZEICHNIS